監修者――木村靖二／岸本美緒／小松久男／佐藤次高

［カバー表写真］
曽国藩の肖像

［カバー裏写真］
繙訳館で翻訳された『汽機発軔（Steam Engines）』の挿絵

［扉写真］
晩年の曽国藩

世界史リブレット人71

曽国藩
天を畏れ勤・倹・清を全うした官僚

Shimizu Minoru
清水　稔

目次

曽国藩の評価

中国最初のアメリカ留学生となった容閎《ようこう》は、太平天国軍と戦う両江総督▲曽国《そうこく》藩《はん》の陣中安慶(安徽《あんき》省)に招かれて、一八六三(同治二)年九月に面会した。そのときの曽国藩の風貌を自叙伝▲のなかで、次のように回想している。

当時の曽国藩〔五三歳〕は、人生の最頂期にあった。身長は五尺八、九寸〔一七四~一七七センチメートル〕がっしりとした体格とたくましい筋骨に均斉のとれた身体。広い胸幅。怒り肩のあいだに大きくて、調和のとれた頭。広くて長い額。目は三角形のまぶたの下に一直線に並んでいて、東洋人の顔の特徴である目じりのつりあがりがなく、一般にこれに付随している高いほおぼね——これも中国人の人相に特有の顔形の一つだが、それも

▼総督　地方の各省の長官は総督と巡撫である。総督は一~三省ごとに一人、巡撫は一五の省に各々一人置かれた。総督のポスト(管轄省)は、両江(江蘇・安徽・江西)、直隷(河北)、閩浙《びんせつ》(浙江・福建・台湾)、湖広(湖北・湖南)、陝甘《せんかん》(陝西・甘粛《かんしゅく》)、四川、両広(広東・広西)、雲貴(雲南・貴州)の八つである。総督の権限は、省例の制定権、管轄下の文武官吏の人事・行政監督権、中央直属の駐防将軍・緑営の提督・学政・巡撫などの弾劾権、緑営の総司令官としての統率権、管轄下の財政権・裁判権、外国との交渉権などであり、地方官として最高かつ広範な権限を有した。

▼自叙伝　百瀬弘訳・坂野正高解説『東学西漸記　容閎自伝』(平凡社、一九六九年)による。原書は *My Life in China and America*, New York, 1909 で、その後『東学西漸記　容純甫先生自叙』(一九一五年)と題する漢訳本が、上海の商務印書館から出された。

なかった。顔は幅が狭く、毛深い方だった。ほおひげを伸びるにまかせていたので、長いほおひげとともに広い胸一面に垂れさがり、威風堂々たるものがあった。目は大きいとは言えなかったが、眼光人を射るするどさがあり、澄んだ薄茶色をしていた。大きな口は薄いくちびるで堅く結ばれ、強固な意志と高遠な理想を表現していた。

さらに容閎は曽国藩を評して、概略次のように語っている。

曽国藩は中国史上に名を残すべき人物。当時の人々は彼を大学者であり、博学な人物と認めていた。彼の創設し育成した湘軍は、強壮勇武の戦士として有名な湖南の愛国的人々からなる、軍規の厳正な部隊である。またその部隊が創設した長江水師〔水軍〕は、長江上の救援部隊として偉大かつ効果的な役割を果たし、反乱軍〔太平天国軍〕の敏速な集結を防止した。……当時曽国藩は、文字通り、事実上、中国の最高権力者だった。しかし彼はその手中に掌握していた無制限ともいうべき権力を濫用したことは全然聞いたこともなかったし、自由に処理できる巨大な財源を利用して私腹を肥やすとか、家族・親族あるいは友人連中を富ませるとか

▼科挙　皇帝政治を支える官僚を選抜する試験制度。五九八年に隋の文帝が創設したこの制度は、歴代の王朝によって継承され、一九〇五年に廃止されるまで存続した。清代の科挙を例にとれば、科挙の試験は一回では終わらない。科挙には学校試と科挙試がある。皇帝の面前で実施される殿試までに、十を優にこえる何段階もの困難な選抜試験をへなければならない。試験勉強も、基本となる四書五経とその数倍する注釈書をマスターし、さらに読んでおくべき経書・史書・文学などがある。そのうえ科挙試験に定められた、形式にのっとった作文・作詩・書法の練習も必要であった。それには膨大な時間と努力を費やさねば、会得できなかったし、誰もが耐えられるものではなかった。一七頁も参照。

したこともなかった。そして官吏としての経歴に汚点を残さず、忠節・愛国・清廉をもって尊敬をうける名声を残した。彼は偉大な才幹をもちながらも、謙譲。雅量はあったが、保守的。円熟した紳士であり、最高級に属する貴人だった。……彼の偉大さは彼の偉大な美徳——純潔無私の愛国心、深謀遠慮の経世の才、官歴における清廉さから生まれたものだった。

　曽国藩をこのように高く評価した容閎は、科挙▲の洗礼を受けた伝統的な士大夫▲ではない。科挙とは無縁の脱科挙型の新しい知識人▲である。彼はこの面会後に曽国藩のブレーンとなり、中国の近代化(洋務運動)を推進する担い手の一人となる。また容閎と曽国藩の面会を仲介したのは、当時の中国最高レベルの数学者李善蘭である。彼は曽国藩が建設した洋務運動最初の軍事工場、安慶内軍械所のスタッフであった。当時この軍械所には、西洋の近代的な知識や技術に学ぼうとする優れた中国人科学者が多く集められていた。曽国藩は伝統的な儒教的教養を保守する大官僚であったが、経歴にかかわらず新時代を担う逸材を見抜く力量と登用手腕に優れ、西学の科学技術にたいする包容力をもっていた。

▼士大夫　王朝体制を支える知識人で、科挙から生み出された特権階級。官僚であり、学者でもある。士、士人、読書人《とくしょじん》、紳士、紳搢《しんしん》、紳衿《しんきん》、郷紳などともいう。紳とは官僚の締める大帯《おおおび》、搢はその大帯にはさむ笏《しゃく》、衿は周代の学生の着た青衿《あおえり》の制服を意味する。

▼脱科挙型の新しい知識人　洋務運動期に出現した新しいタイプの知識人で、条約港知識人とも呼ばれた。彼らは科挙の受験をめざしながら、家庭の貧困などの事情で挫折し、上海・広州・香港に在住する外国人宣教師や商人らのもとで働きながら学び、またその伝手《つて》を通じて海外留学し、欧米近代の実務的・専門的な知識を習得した。彼らは開港場を舞台に、企業経営者・企業顧問・ジャーナリストなどの新職業に従事し、また有力大官(たとえば洋務官僚)の幕友・幕僚(私設秘書・顧問)としてその能力を発揮した。

それが彼をして洋務運動推進のパイオニア、リーダーたらしめたのである。

ところで曽国藩にたいする歴史的評価は、多くは太平天国および洋務運動の評価と密接に連動しておこなわれてきた。たとえば前者を革命的・愛国的、後者を反革命的・反動的・売国的とする評価である。彼が文学・思想・哲学の領域で論じられる場合は、彼の歴史的評価は後景に押しやられ、桐城派《とうじょうは》▲の立場にたつ宋学▲の実践者として一定の評価を与えられた。しかしこと歴史・政治・経済の分野で論じられると、一転して厳しい評価が下された。その最たるものが、范文瀾《はんぶんらん》▲に代表される「漢奸▲儈子手《かいししゅ》(漢奸死刑執行人)曽国藩」(一九四四年)という評価であり、その後長らく中国の歴史学会における定説となってきた。

しかし近年の曽国藩・洋務運動の研究は、中国の文化大革命が終息し、経済開放政策が展開されていくなかで、中国革命の勝利の観点、極言すれば人民闘争至上主義・中国共産党の勝利の観点からする一面的・教条的・イデオロギー的評価に、変化が生まれてきた。その変化とは、現代中国の「四つの現代化▲」にはじまる経済開放政策と連動し、「実事求是《じつじきゅうぜ》▲」の立場および中国独自の近代化、さらには中国的国民国家の形成という観点から、洋務運動の近代化の側面

▼桐城派　清代の文壇で影響力をもった散文のグループ。彼らは唐宋八大家(韓愈《かんゆ》・柳宗元・欧陽脩《おうようしゅう》・蘇《そ》洵《じゅん》・蘇《そ》軾《しょく》・蘇《そ》轍《てつ》・王安石・曽鞏《そうきょう》)の文体(古文)を模範とし、思想的には宋学(朱子学)の立場にたち、俗語や難解な言葉、装飾の多い語句を排し、内容と形式を一致させ、温雅で平易ななかに文語文の格調ある質実な文章表現を理想とした。派名の由来は、創始者の方苞《ほうほう》、その後継者 劉大《りゅうだい》櫆《かい》・姚鼐《ようだい》らが安徽省桐城県の出身であったことによる。

▼宋学　朱子学(程朱の学)と同義語。北宋の周敦頤《しゅうとんい》にはじまり、程《てい》顥《こう》・程頤《ていい》をへて、南宋の朱熹《しゅき》によって大成された。唐までの訓詁学《くんこがく》に代わって、哲学的思弁を深め、宇宙の原理が人間ののっとるべき規範であるとする性理学(理学)、孔子・孟子の学統を継承し聖人の道を宣揚しようとする道学などを特色とする。

▼范文瀾(一八九三〜一九六九)

を評価し直そうとする動きである。当然ながらその変化は曾国藩の評価にもおよんだ。

ここで曾国藩にたいする評価の歴史的な変遷を簡単にながめてみよう。

曾国藩の在世時、特に太平天国鎮定後は「中興第一の名臣」と賞讃され、死後も清朝政府や彼の後継者や弟子たちから、「忠節・愛国・清廉の名臣、名将、名相」として讃美された。一方民衆の側からは、民衆反乱の徹底した弾圧者として「曽剃頭《ていとう》(首切り人の曽)」「曽屠夫《とふ》(屠殺人の曽)」と揶揄《やゆ》された。変法派の曾国藩評価・洋務派評価は、たとえば譚嗣同《たんしどう》は『仁学』(一八九六年)のなかで、中興の諸公は重罪に処せられるべきもの、中国崩壊の危機を招いた元凶とされた。革命派の曾国藩評価は、太平天国の後継をもって任じる孫文に代表されるように、「排満興漢」の民族革命の観点から、満州族の清朝を助け、同胞漢民族の太平天国を弾圧した漢奸としてとらえられている。その後国民党と共産党の政治的対立構造のなかで、曾国藩評価は明確に二分化する。一つは蒋介石の国民党に代表される「救国復興の英雄」「伝統文化の再興者」「西洋文化と伝統文化の融合者」として称揚する評価、もう一つは共産党に代表される范文瀾の

浙江省紹興の人。歴史学者。一九一九年北京大学中国文学科卒業。中学の教師、大学の講師・教授を歴任。その後古典文学から歴史学に転じ、四〇年中国共産党の根拠地延安で入党。マルクス主義および共産党の立場から『中国通史簡編』(一九四一年)『中国近代史(上編第一分冊)』(一九四六年)などをあらわす。中華人民共和国になって中国社会科学院近代史研究所所長、全国人民代表大会の代表、党中央委員などを歴任する。

▼**漢奸**　漢民族を裏切った者という意味で、中国では中華民族(主に漢民族)のなかで異民族や外国などの侵略者の手先となった人を指す言葉。売国奴ともいう。

▼**「四つの現代化」**　文化大革命後に中国がめざした農業・工業・国防・科学技術の四部門での近代化路線。一九六四年に周恩来が最初に提唱し、その後鄧小平《とうしょうへい》・華国鋒《かこくほう》もそれを継承したが、具体化されるのは

●容閎（一八二八〜一九一二） 広東省香山《こうざん》（現中山）の人。兼業農家に生まれる。澳門《マカオ》で宣教師の塾や学校に学ぶ。一八四七年アメリカ留学、イェール大学を卒業。五五年に帰国後は香港・上海の外国商社・司法機関・海関などの通訳・書記・代理人などを務めた。六〇年太平天国の都天京《てんけい》（南京）に、旧知の干《かん》王洪仁玕《おうこうじんかん》を訪ね、銀行・学校・軍などについて献策をしたが、要路に入れられず、天京を去った。その後、曽国藩の幕僚として洋務にかかわる。

●李善蘭（一八一〇〜八二） 浙江省海寧の人。清末を代表する数学者。一八五二〜六六年まで上海の墨海《ぼっかい》書館（イギリス人宣教師メドハーストの創業）のスタッフとして、欧米の宣教師らと多数の西洋数学の書を翻訳した。なお代数・指数・函数・係数・変数・微分・単項式・多項式・曲線・縦軸・横軸・相似などの数学用語は、彼の訳語による。

●文化大革命（一九六六〜七七） プロレタリア文化大革命、文革ともいう。中国共産党内の指導権をめぐる権力闘争を背景に、党主席毛沢東が資本主義の復活を阻止し、共産主義の新たな道であるプロレタリア独裁をめざしたもので、史上前例のない実験とも称された。劉少奇《りゅうしょうき》・鄧小平らを資本主義の道を歩む実権派・ブルジョア反動派とし、紅衛兵ら大衆を大動員して糾弾、国内の政治・経済・文化・社会に大混乱をひきおこした。毛沢東の死、四人組の逮捕で終息。その後共産党はその誤りを認め、「一〇年の動乱」と位置づけた。

●——**譚嗣同**（一八六五～九八）　湖南省瀏陽《りゅうよう》の人。湖北巡撫を父にもつ官僚の家庭に育ち、科挙をめざしたが、日清戦争の敗北に発憤し、康有為らの変法運動に共鳴、湖南での変法改革に参画。一八九八年光《こう》緒帝《ちょてい》による戊戌《ぼじゅつ》の変法（百日改革）に加わるも、西太后ら保守派のクーデタで捕縛され処刑される。変法派の変法とは、王朝創設以来の政治のやり方を変えるという意味。変法派とは、欧米や明治日本の政治制度をモデルに、立憲君主制にもとづく政治改革を主張したグループ。リーダーの康有為《こうゆうい》や梁啓超《りょうけいちょう》らは、ジャーナリズム・学会を駆使して変法を鼓吹し、政治活動の新生面を切り開いた。

●——**孫文**（一八六六～一九二五）　広東省香山（現中山）の人。ハワイで成功した兄のもとで西洋式の教育を受け、医者となる。日清戦争の敗北を契機に反清共和の革命をめざした。興中会・中国同盟会を基盤とする革命蜂起は幾度も失敗、そのたびに日本・東南アジア・欧米に亡命。一九一一年の辛亥《しんがい》革命で帰国し、一二年南京に中華民国を樹立する。彼の革命理論は三民主義と呼ばれる。革命派とは、満州（清）王朝を打倒して中華（漢）を恢復《かいふく》し、共和制国家を創設することをめざしたグループ。彼らは各地に秘密結社をつくり、革命運動を展開した。中心となったのは、孫文らの興中会（一八九四年、ハワイのホノルル）、黄興《こうこう》・宋教仁らの華興会（一九〇四年、長沙）、蔡元培《さいげんばい》・章炳麟《しょうへいりん》らの光復会（一九〇四年、上海）である。これらの組織は一九〇五年大同団結し、孫文を総理、黄興を副総理とする中国同盟会を東京で結成した。

●——**蔣介石**（一八八七～一九七五）　浙江省奉化の人。日本の陸軍士官学校の予備学校に留学、中国同盟会に加入。孫文の死後、国民党を右派の立場から指導。国民革命軍総司令として北伐《ほくばつ》による中国統一を進める一方で、共産党を弾圧。抗日戦では一時国共合作をおこなうも、第二次世界大戦後は国共内戦で敗れ、台湾に中華民国政府を移し、大陸反攻をめざした。

「反革命」「死刑執行人」「売国奴」という評価である。

本書では、曽国藩にたいする従来の善悪二元論的評価――階級闘争史・共産党史・国民党史上のイデオロギー的評価、および近年における中国固有の西洋化・近代化あるいは中国的な近代国家建設あるいは中国の伝統と近代の相克という観点からの新評価をふまえ、人間曽国藩のパーソナリティ▲を視座にいれて、彼の歩んだ道を中国の近代史上に描いていく。

八一年鄧小平が実権を掌握してからである。しかし「四つの現代化」にはじまる経済開放政策は、あくまでも生産性の向上と経済の活性化のためのもので、政治活動の自由や基本的人権を全面的に認めたものではなく、共産党一党支配の堅持を前提とする「上からの改革」であった。

▼「**実事求是**」　「実事に是を求める」つまり実証主義のこと。もとは清代考証学の学問精神をあらわす言葉で、証拠にもとづいて合理的に事実を究明すること。朱子学や陽明学の主観的学風を排斥するスローガンであった。

▼**パーソナリティ**　人の個性・性格・気質・素質などの総体をいう。そのパーソナリティの形成には、生物学的・環境的・文化的要因がある。たとえば容姿・病歴・食事・家族・一族・職業・経済状態・地理的風土・交友関係・地域の習慣風俗などが重要な要素となる。

①—生い立ち——家族とのきずな

曽家のなりたち

曽国藩のふるさと湘郷は、湘江の支流、漣水《れんすい》(湘潭《しょうたん》で湘江に合流する)の中流域西岸に位置し、水運・灌漑の便がよく、地味肥沃なことから古くから開けていた。県城の人口は三万人ほど、県全体の人口は五〇余万人、主要な産業は稲作である。この地域は、耕地のわりに人口が多いこともあって、民の生活はけっして豊かではなかった。そのため勤勉・倹約の遺風があり、耕耘に勤しみ、春夏秋冬休むことを知らない土地柄であった。

曽国藩の生まれ故郷、湘郷県白楊坪《はくようへい》は、湘郷県城から南西六〇キロの地、高《こう》嵋山《びざん》という山の裾野にある山あいの寒村である。曽家は孔子の高弟曽子▲の末裔《まつえい》と称し、元代から湖南省衡陽《こうよう》県に住んでいたが、清初に湘郷県荷塘都《かとうと》に遷り、祖父曽玉屏《ぎょくへい》(一七七四〜一八四九)のときに白楊坪に転居、代々農耕を生業《なりわい》としてきた。曽家はこれまでに科挙に挑戦し、合格して官僚となったもの、学者として名を成したものは一人もいない。

▼**曽子**(紀元前五〇五頃〜紀元前四三六頃)　山東省南武城の人。孔子の弟子。親孝行で有名。孝道に通じ、『孝経』をあらわしたという。儒教の根本である仁への道は孝悌《こうてい》にあるとし、孝をもってすべての道徳を説明しようとした。

清朝内地一八省と湖南省の位置

湖南略図

湖南省は、地理的に「六水三山一耕地」といわれる。湖や川の占める割合が高く、古くから水運が開け、洞庭湖《とうていこ》周辺、それに注ぐ湘江・沅江などの河川では水運ネットワークが発達していた。産業的には水産物・鉱産資源に富むほか、「湖広熟すれば天下足る」という諺のように、全国の食糧をまかなえるほどの穀倉地帯である。湖南米は他省への移出米として重要な位置を占め、綿花・茶栽培も盛んであった。一八七〇年前後に中国を踏査したドイツの地理学者リヒトホーフェン（一八三三〜一九〇五）は、湖南人を次のように分析した。「湖南人の一般的性格は、忠実で正直、強烈な自意識、粗野と反抗心が特徴、教養のある湖南人は、賢明で誠実で、懇切かつ率直、中国人のなかで最も保守的、家族内では家長専制・祖先崇拝・孝養・貞順を尊重している」と。湖南のこの遺風は湘郷も同様であり、それが農民であれば淳厚勤樸、兵となれば猛勇果敢、郷紳であれば儒雅の風を生み出してきたといえる。

〔出典〕譚其驤主編『中国歴史地図集』第8冊（清時期）（地図出版社, 1987年）の〈湖南省2（嘉慶25年）〉37～38頁をもとに作成。

曽国藩の家系図

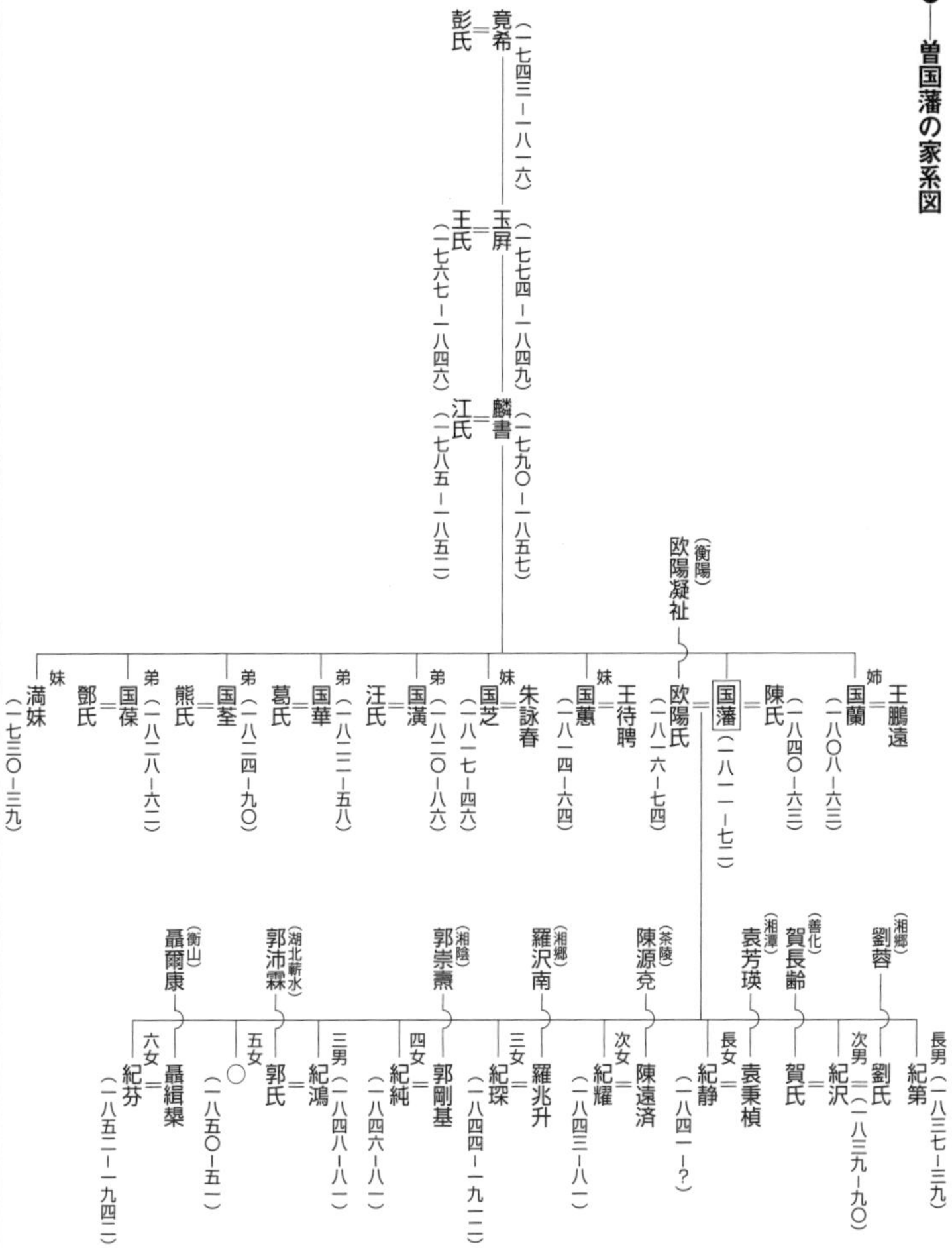

●曽国荃《そうこくせん》

●曽国葆《こくほ》

●曽紀沢《きたく》

曽国藩は、一八一一（嘉慶《かけい》十六）年十一月二十六日、当時二〇歳の父曽麟書《りんしょ》（一七九一〜一八五七）の長男として生まれた。幼名は子城《しせい》、字《あざな》は伯涵《はくかん》、号は滌生《てきせい》、諡《おくりな》は文正という。このとき曽祖父の竟希《きょうき》（一七四三〜一八一六）は六九歳、祖父の玉屛は三八歳で、ともに存命していた。

曽家にどれほどの田畑があったかは定かではないが、祖父の玉屛の代に百余畝《ほ》（六・六七ヘクタール余り）の農地を有していたという。けっして大地主とはいえない。日常的には雇農や使用人を使いながら、家族総出で開墾、耕耘施肥に努め、稲作をはじめ養蚕、養豚、養鶏、養魚、茶葉や野菜の栽培などに勤しむ、寒素な小地主（自作農）であった。曽祖父の竟希は、毎日未明に起きて、終日かつ年中農事に励んでいたし、祖父の玉屛も農業に精励し、裏山の急斜面の山腹を穿って棚田を開き、日夜灌漑と耕耘に努め収穫の増大を図ったという。その篤農ぶりは、曽国藩が翰林院《かんりんいん》にはいってからも変わらなかった。いささかなりとも財を成したというならば、祖父の代であろう。曽国藩の人生観の基底部分には、祖廟や礼教を大切にし、農業を重んじ、質素・倹約を心掛けた曽祖父や祖父の姿が強く刻印されていた。

▼幼名　幼少時の呼び名。

▼字　成人したのちにつける呼び名。中国など東アジアの漢字文化圏では、貴人や死者を本名（諱《いみな》という）で呼ぶことを避ける習慣がある。本名の代わりに相手を呼ぶときに、この字が使われる。

▼号　本名・字・通称とは別に用いる呼び名。

▼諡　諡号《しごう》ともいう。生前の徳行にもとづいて死者に贈る呼び名。

▼畝　中国の伝統的な面積の単位で、中国音でムまたはムーと表記することがある。一畝は約六・六七アール（六六六七平方メートル余）である。

▼翰林院　アカデミー（国立中央研究院）と訳され、実際は皇帝直属の秘書室として、書物の編纂、詔勅の起草、学問の進講などをおこなう。

曽家の家訓

　曽国藩の幼年期をふりかえっておこう。曽祖父・祖父は農業に精を出し、父は家塾▲（利見斎）を開き、郷党の子弟一〇余人に読書を教えながら、科挙に挑戦していた。祖母は紡ぎ車で木綿を引き、母は養豚・養鶏や蔬菜園の世話、家事で多忙な日々を送っていた。家族を評していうならば、祖父はなにごとにも筋を通しておもねることなく、父は儒者として真摯に学び、祖母は慈愛深く家族を見守り、母は舅・姑によく仕えよく働いた。

　曽国藩はといえば、八人の姉・弟・妹の二番目（長男）である。幼少のころの相貌は端正で重厚、泣き声を聞いたことのないほど、おとなしい子であった、という。母が忙しかったので、祖母の回す紡ぎ車のかたわらで、寄り添うように姉の国蘭と、日々草花をながめ、鳥の鳴き声を聴きながら遊んだ。長じてからは村の子どもたち同様に、近くの渓で魚釣りをし、山野に鳥獣を追いかけ、また家計を助けるために農業や家事の手伝いをし、ときには町に出かけて野菜売りもした。

殿試を第一甲で合格した三名は翰林院の本官（修撰・編修）となり、その他の進士は引き続いて実施される朝《ちょう》考《こう》という試験の結果で、翰林院にはいれるかどうかが決まる。成績によって三等級に分けられ、一等のみ翰林院の見習い研修生（庶吉士《しょきつし》）として残ることができる。他は六部《りくぶ》（吏部・戸部《こぶ》・礼部・兵部・刑部・工部の六官庁）の主事または地方官（知県）となる。翰林院は、有為の人材を集め、学問や実務の勉強をさせ、必要あるごとに中央または地方の要職に任命し、実際の政治にあたらせた。いわば高級官僚の予備軍、貯まり場であった。

▼家塾　私塾ともいう。旧中国の農村でみられる私的な教育施設。多くは一族・郷党の子弟を対象におこなわれた。読み書きにはじまり、科挙の受験勉強にいたるまで、その教育内容は多様であった。

ここにみられる曽家は、牧歌的な農村の慎ましい小地主の家庭を彷彿とさせる。祖父は常々語っていた。「わが家は曽国藩が翰林に列したとはいえ、なお作田を生業としており、彼に頼って飯を食べてはならない。勤勉をモットーとし、贅沢を戒め、倹約にあい努めよ」と。曽家の篤農・勤勉・倹約の伝統は、曽家の遺風として継承された。

　こうした環境のなかにあって、曽国藩が生涯にわたって大切にしたものは、曽家の家訓ともいえる祖父玉屛の遺訓である。その遺訓とはなにか。家運を向上させるために「八字」と「三不信」を心にとどめて忘れるな、という教えである。「八字」とは、孝（祖先の祭祀）・宝（近隣との和睦）・早（早起き）・掃（掃除）・書（読書・習字）・蔬（野菜の栽培）・魚（養魚）・猪（養豚）に努めること、つまり大地に足をつけ、祖先と地域を大切にし、力を労することを厭《いと》わず、日常を太陽とともに過ごすことであった。「三不信」というのは、「僧巫《そうふ》」▲「医薬」▲「地仙」▲の迷信の類《たぐい》を信用しないで斥《しりぞ》けること、いわば人事を尽くして天命を待つことでもある。曽国藩はこの遺訓をかたときも忘れることなく、自ら率先して実践し、また家族にたいしても繰り返し遵守するよう諭した。

▼「**僧巫**」　僧徒と巫覡《ふげき》（女のみこと男のみこ）のこと。

▼「**医薬**」　ここでは呪禁的な医術と施薬を指す。

▼「**地仙**」　風水や算命《はっけみ》のこと。

曾国藩は生涯を通じて、忠君愛国を語ることはほとんどなかったが、曾家を守り維持・継続するために祖父の遺訓だけは、家族・一族・郷党の和合と、団結につながる戒めとして、語り続けていた。曾国藩のパーソナリティの大きな骨格は、まさにこれを基盤として形成されたといえよう。

曾家の命運をかけて——科挙への挑戦

曾祖父竟希と祖父玉屏は、祖先祭祀や儒教的教養を重んじる篤農家として、また郷里の復興と救済や和睦につとめる顔役として、郷里の尊敬を受けていた。こうしたなかで曾祖父と祖父は、父麟書と国藩に学問をさせて官界への道を歩ませようとした。曾家はじまって以来の、初めての科挙への挑戦であった。

曾家はいうまでもなく書香▲の家柄ではなかった。父麟書は家塾を営みながら、苦労して学問に励んでいたが、なかなか科挙に合格することができなかった。ようやく四二歳(一八三二年)にして、一七回目の受験で、科挙の予備試験(学校試▲)院試に及第し、生員《せいいん》▲(秀才)となることができたが、科挙の本試験(科挙試)に進むことはできなかった。しかし中国社会では生員となれば、もう一人前の士

▼**書香**　士大夫(知識人)の家のこと。本のにおいが壁にまでしみ込んでいるという意味。

▼**学校試**　童試ともいう。受験生は童生といい、本来は一四歳以下の童子が対象であった。科挙の受験生は、科挙の本試験(科挙試)を受ける前に、まず国立学校の生徒にならなければならない。そのための入学試験が学校試で、三年に二回の割合でおこなわれ、三段階に分かれている。第一が県で知県(県知事)が実施する県試、第二が府で知府(府知事)がおこなう府試、第三が府で学政が実施する院試である。この院試に合格すると、国立学校(地方の県学・州学・府学あるいは中央の国子監(かつての太学))の生徒となることができた。

▼**生員**　秀才ともいう。院試の合格者が籍を置く国立学校の生徒のこと。これによって科挙の本試験を受験できる有資格者となる。

大夫である。官吏ではないが、官吏に準ずる待遇▲が与えられる、地域社会の名士であり、リーダーなのである。

　曽国藩は、父の家塾で、五歳から科挙の受験勉強の基本テキストである四書五経▲の素読（暗記）を、六歳から字を学び、九歳にして本文だけで総字数四三万字余りの四書五経を読破した。さらに答案の作成に必要な作文（八股文《はっこぶん》）・作詩（試帖詩《しちょうし》）・書法（殿閣体）の練習にも取り組んだ。科挙に向けての猛勉強のはじまりである。

　曽国藩はずば抜けた才能の持ち主であり、父の能力をはるかに凌駕していた。一六歳（一八二六年）で府試に及第したのち、父の指導をはなれ、衡陽の唐氏家塾や地元湘郷の漣濱《れんひん》書院にはいり学修を重ねた。二三歳（一八三三年）のとき、父より一年遅れて院試に合格、めでたく生員となり、翌年の初め親同士が決めた婚約者、欧陽凝祉《おうようぎょうし》▲の娘と結婚した。

　生員となって初めて、三年に一度の科挙試に臨むことができる。科挙試には大きく分けて三段階ある。まず地方（省都）で実施される郷試、ついで北京でおこなわれる会試、天子自らがおこなう殿試である。この難関を突破すれば、晴

▼待遇　生員は定められた特別の制服を着、頭には高等官の末席たる九品官の帽子をかぶる。民は彼らに道で出会えば道を譲り、民の集会場に彼らが来れば、一番高い席に案内される。また地方官と対等に交際し、彼らの官庁や社交場にも自由に顔が出せた。

▼四書五経　四書とは『礼記《らいき》』のなかの『中庸』『大学』の二編と『論語』『孟子』の総称。五経とは『詩経』『書経』『易経』『礼記』『春秋』の総称。朱熹は孔子・曽子・子思・孟子を道統として称揚し、『四書集注《ししょしっちゅう》』をあらわし、四書を根本的経典とした。

▼欧陽凝祉（一七八六〜一八六九）　湖南省衡陽の人。廩生《りんせい》（官費を給せられるエリート生員）。曽国藩の父麟書の親友で、幼少期に作文・作詩の指導を受け、国藩の才能を高く評価した。衡陽の漣濱書院の院長となり、湘軍の練成にも参画する。

●清代科挙制度と受験地獄　当時の科挙の受験者は二〇〇万人近くおり、そのうち生員となるのは三万人ほど、累積生員は約五〇万人、挙人の定員が一二〇〇〜一七〇〇人、進士の定員が平均二四〇余人である。科挙試験がいかに難関であったかがわかる。ちなみに生員合格の平均年齢は二四歳、挙人合格が三〇歳、進士合格が三六歳であった。

科挙の答案作成に必要な要素

作文（八股文）	科挙の答案文に用いられた文体。文は、破題・承題・起講（以上はしがき）・起股・虚股・中股・後股（以上中心部分）・結束（むすび）の八構成からなり、中間の四股はそれぞれ二つの比という対句からなるので、八股という。
作詩（試帖詩）	科挙の試験場で作成する詩文。脚韻を指定された五言八韻の律詩、つまり一行五字、一六行、行中の平仄《へいそく》（漢字の韻の四声）を整え、うち一二行は対句となる詩を作る。
書法（殿閣体）	科挙の答案文に用いる書体。楷書のなかでも特に謹厳な筆づかいの書体である。

散官考試
庶常館で3年間学んだ庶吉士の卒業試験ともいうべき試験で，保和殿でおこなわれる。

↑
庶吉士
↑

朝考
殿試に合格した進士を翰林院に残すかどうかを試す試験。保和殿で挙行され，試験官を閲巻大臣という。第一等となった者が翰林院にとどまり，庶吉士に任じられ，研鑽を積む。

（散官考試・朝考：翰林院試）

↑
進士
↑

殿試
会試に引き続いて紫禁城保和殿《ほわでん》で実施され，皇帝自らが試験官になるという建前から，殿試という。実際は大官が試験官（読巻大臣）となり，最もできのいい答案数通のみ皇帝が読み，その順位を決める。選抜試験ではなく，貢士の成績順位を決める試験。合格すると進士の資格が与えられる。

↑
貢士
↑

会試
郷試の翌年に北京の貢院でおこなわれ，合格者を貢士という。試験の責任者は礼部尚書，試験官にはその都度大官が選ばれる。

↑
挙人
↑

郷試
3年に一度子・卯・午・酉の年に，省都の貢院《こういん》（試験場）で実施され，合格すると挙人の資格が与えられる。試験の責任者は総督・巡撫，試験官（正副考官・同考官）には主に翰林院から欽差官（特定の事項に限って臨時に与えられる役職）が派遣される。

（殿試・会試・郷試：科挙試）

↑
生員（秀才）
↑
院試
↑
府試
↑
県試
↑
童生

（院試・府試・県試：学校試（童試））

上記の試験のほかに，郷試の前に歳試・科試，会試の前に挙人覆試，殿試の前に会試覆試などの予備試験が実施された。

●清代の貢院

れて官途が開けるのである。

進士から翰林院へ

生員となった曽国藩は、県学に籍を置きながら、科挙の本試験をめざすために、より高いレベルの学問を求めて、長沙省城郊外の岳麓《がくろく》書院に学んだ。岳麓書院は宋代の四大書院▲の一つといわれる名門である。書院とは儒学を伝授し研究する私的な教育機関であるが、明代から科挙の予備校的色彩が濃くなったとはいえ、県学・府学に比べて、その水準は高かった。ここで曽国藩は学修を深め、詩文の才を認められた。

二四歳（一八三四年）のとき、長沙でおこなわれた郷試に合格し、挙人の資格をえた。このときの受験仲間であった湘陰の劉蓉《りゅうよう》▲・郭嵩燾《かくすうとう》▲と生涯の友となり、子女を通じて姻戚関係を結んだ。彼らはのちに湘軍の一翼を担い、幕僚として曽国藩を支え続けた。

次は北京での会試である。二度失敗したが、二八歳（一八三八年）のとき、三度目の会試に及第した。続く紫禁城▲保和殿でおこなわれた殿試に臨み、進士の

▼**四大書院**　書院の名称は唐にはじまるが、官学にたいする私設の儒教の教育機関として、宋以降に隆盛となる。宋代の四大書院である白鹿洞《はくろくどう》書院（江西省廬山《ろざん》）・応天府書院（河南省商丘《しょうきゅう》）・嵩陽《すうよう》書院（河南省太室山）・岳麓書院（湖南省長沙）では、朱熹の講学や研究がおこなわれた。

▼**劉蓉**（一八一六〜七三）　湖南省湘郷の人。生員。桐城派の文人。岳麓書院で知り合う。同郷羅沢南の団練を補佐し、曽国藩および四川総督駱秉章《らくへいしょう》の幕僚として軍務に就き、一八六三年太平軍の石達開《せきたつかい》を殲滅《せんめつ》する。四川布政使、山西巡撫を歴任。

▼**郭嵩燾**（一八一八〜九一）　湖南省湘陰の人。一八四七年の進士。翰林院庶吉士のとき服喪のため帰郷。太平天国に際会し、曽国藩の幕僚となり、湘軍の編成・軍務を支援する。両淮塩運使、広東巡撫代理、福建按察使、兵部侍郎、礼部侍郎などを歴任。七六年清朝最初の在外公館の駐

在公使としてイギリスにわたり、のち駐仏公使を兼務、二年間在勤。彼はこの西洋体験から「西洋は国家体制をもって二千年、政治と教化が整い、本（根本理念）と末（応用）を備えている」（渡欧日記『使西起程』）と高く評価した。その西洋文明観が、当時の保守派から厳しく指弾され、公職を解かれた。清廉な官僚として、また宋学の大家として知られる。

▼紫禁城　明清代を通じて二四人の皇帝が居住し、五百年にわたって政治の檜舞台となったところ。その呼称は、天帝の星を紫微垣《しびえん》（北斗七星の北に位置する星座）と呼んだことに由来する紫宮と、天帝の命を受けて天下を統治する皇帝の住居を意味

資格をえた。

難関を乗り越え挙人・進士の栄冠を勝ちとれば、その日から社会の彼らを見る目は一変する。あらゆる行動が人々の尊敬と羨望のまなざしを浴びるようになる。昨日まで受験勉強にあくせく心を砕いていた自分が、うそのように思える。太陽さえもが自分のために輝いているような心地になる。挙人や進士はこうした名誉と自負にあふれた存在である。

曽国藩は、殿試のあと、翰林院にはいるための試験、朝考に応じた。成績は三番であったが、道光帝から彼の詩・文・書がともに優れたものであると認められ、二番に引き上げられた。晴れて翰林院の庶吉士▲となることができた。庶吉士とは政務を学ぶ研修員（無給）のようなものである。

翰林院にはいることは、挙人・進士の資格以上に、官となるための最高のステータスであり、高官となるための捷径であった。翰林院にはこうした高官候補者が常に数百人いた。「貯才の地」といわれるゆえんである。

曽国藩は、翰林院いりを果たしたことで官界のエリートコースに乗ったのである。ここに曽家の曽祖父・祖父・父の宿願はかなえられた。

勤と倹による家族のきずな

曽国藩が重視したのは、儒教的倫理にもとづく家や家族・同族の維持、存続であった。この家とは、祖父玉屏の遺訓が示した、勤（勤勉）と倹（倹約）に努め、自給自足し、学問・読書に親しむ寒士の家である。家を守るとは、儒教的価値観による家族・同族の強いきずなをつくることでもあった。それを裏づけるかのように、曽国藩はどんな状況にあっても、時間の許すかぎり家族に宛てた手紙を頻繁にしたため、近況報告をはじめ慰労や激励、指し図や戒めの言葉などを送った。そこには祖父・父にたいする敬愛、兄弟愛、子弟らへの慈愛の念が込められていた。

彼には、姉一人、弟四人、妹三人がいた。弟の次男国潢《こくこう》（一八二〇〜八六）は、兄国藩に代わって湘郷の留守宅を切り盛りし、三男国華（一八二二〜五八）、四男国荃（一八二四〜九〇）、五男国葆（一八二八〜六二）は、それぞれ兄とともに湘軍の編成と太平軍・捻軍との戦闘に重要な役割を担った。昇官によって豊かとなった彼らにたいし、曽国藩は、自分たちをふくめて兄弟姉妹の現在があるのは先祖の積徳善行のたまもの、われらには子孫にたいして積徳報恩の義務があ

する禁城の二語の合成語である。現在は故宮博物院として一般に開放されている。

▼**庶吉士**　殿試に第一甲で合格した三人以外の進士は、引き続きおこなわれる翰林院の朝考に臨み、成績によって三等級に分けられる。第一等は翰林院に庶吉士として残り、翰林院付属の庶常館の学生として三年間の研修を義務づけられる。第二等は中央の六部の主事（三年間は定員外の見習いで無給）、第三等は地方へ出て知県となる。

▼**賀長齢**（一七八五〜一八四八）　湖南省善化（現長沙）の人。一八〇三年の進士。翰林院庶吉士、編修をへて、山東・広西の按察使、江蘇・山東の布政使、山東・貴州の巡撫、雲南総督などを歴任。江蘇巡撫陶澍《とうじゅ》を補佐し漕米の海運策などを提起した。回民の反乱平定に失敗し、職を追われた。幕友の魏源に『皇朝経世文編』一二〇巻（一八二七年公刊）を編纂させた。これは、清初から道光まで

る、と説き、祖父の遺訓に従い、勤・倹を心掛け、贅沢と傲慢を戒め、目立たないよう慎ましく生活することを求めた。

　彼は二四歳(一八三四年)のとき、欧陽凝祉の娘と結婚し、男三人女六人をもうけた。長男と五女は幼くして亡くなる。次男曽紀沢(一八三九〜九〇)は、父とともに湘軍の軍務に就き、のちに駐英仏公使として、ロシアとの外交交渉などで活躍する。彼は当時有数の経済学者賀長齢《がちょうれい》▲の娘と結婚した。三男曽紀鴻(一八四八〜八一)は、仕官しなかったが、西洋の代数学に精通した数学者として知られ、『対数詳解』(一八七三年)をあらわした。次女は陳源兗《ちんげんえん》▲の子に、三女は郭嵩燾の子に、四女は羅沢南《らたくなん》▲の子に、それぞれ嫁いでいる。その義父たちは、曽国藩の人生行路のなかで強いきずなで結ばれた人々である。

　曽国藩の家族への思いは、姉妹や子女らにもおよぶ。彼女らにたいしても、「家は勤ならば興り、人は倹ならば健やか、勤・倹につとめれば、永遠に貧賤となることはないであろう」と曽家の家風を語りかけ、奢侈にはしることのないよう戒めた。書信のなかで、彼女らが家庭婦人としてなすべきことを事細かく指し図している。たとえば「人を雇わず、自らの手で、糸を紡ぎ、機を織り、

の時務・経世論を項目別に編集した政策論集である。

▼陳源兗(?〜一八五四)　湖南省茶陵の人。一八三八年の進士、曽国藩と同年。翰林院庶吉士・編修時代に北京で曽国藩と苦楽をともにした学友。曽国藩の親友江忠源に招かれ楚軍に参加、廬州《ろしゅう》で太平軍との攻防戦で敗北、自尽する。官歴は江西吉《きつ》安《あん》知府・安徽池州《ちしゅう》知府。

▼羅沢南(一八〇八〜五六)　湖南省湘郷の人。生員。家塾を開き、宋学を講じ、多くの門弟を擁した。学者肌の彼が率いた団練は、儒学で武装された軍団として曽国藩の高い評価を受け、湘軍の編成に重要な役割を果たした。岳州・南昌・武昌など各地を転戦、一八五六年武昌の陣中で亡くなる。官は戦功により寧紹台道となる。

裁縫・刺繍の針仕事や布鞋《ぬのぐつ》・衣服の縫製、洗濯や掃除、漬物や料理や製茶につとめよ」と記し、一日の家事を割りふった日課表を書き添えている。高級官僚の家庭とは思えないほど、質素な暮らしぶりが浮かびあがる。

▼アヘン戦争　アヘンの密輸問題からおこった、清にたいするイギリスの侵略戦争。林則徐が広州でアヘン取締りを強行すると、中国市場の開放をねらうイギリスは、一八四〇年遠征軍を派遣した。戦闘はイギリス側の優位に進み、艦隊は一時広州から北上して天津沖にまでいたり、その後広州や寧波《ニンボー》・上海・鎮江などを攻略、南京に迫ると、清は敗北を認め、四二年南京条約を締結した。

②—北京における官僚生活

官界を昇る

曽国藩は、翰林院庶吉士に叙せられた一八三八(道光十八)年に、暇を請うて故郷に錦を飾った。故郷湘郷県の山々に囲まれた小さな村、白楊坪では、有史以来初めてという翰林官の誕生に沸きかえったという。

アヘン戦争▲がはじまった一八四〇(道光二十)年に北京にもどり、その年の散館考試▲で、翰林院の本官である検討▲となり、国史館の編修に任じられた。曽国藩三〇歳のときである。以後北京の官界を異例の速さで一気に駆けあがることになる。

一八四三(道光二十三)年昇級試験である翰林大考《たいこう》の結果、皇帝や皇子らに経典・史書を講義する翰林院侍講に昇進、成都(四川省)で実施される郷試で主任試験官(正考官)を勤めることになった。それは、曽国藩にとって具体的な政務を担当できる最初の仕事であり、しかもかつての科挙の受験者から科挙試験を実施する側にたったのである。

▼**散館考試**　翰林院庶吉士の卒業試験で、成績によって三等級に分けられ、第一等は翰林院の本官(編修・検討)へ、第二等は六部の主事に、第三等は地方の知県となる。

▼**翰林院検討**　翰林院の本官の一つ。本官には掌院学士・侍読学士・侍講学士・侍読・侍講・修撰・編修・検討がある。彼らは翰林院本来の職務のほかに、院外で欽差官として科挙にかかわる学政、郷試の正副考官、会試の同考官などに任命された。

北京城略図

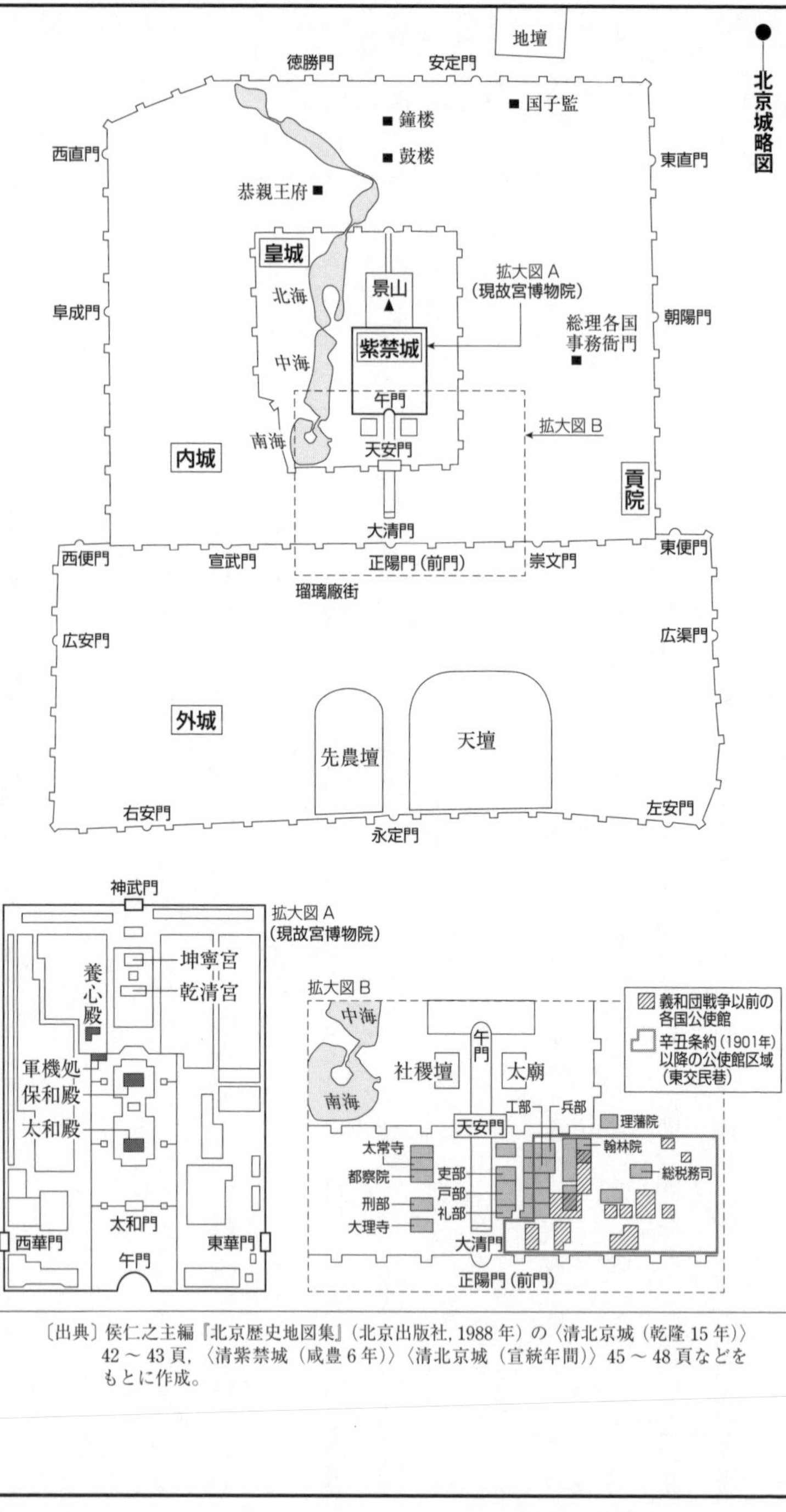

〔出典〕侯仁之主編『北京歴史地図集』（北京出版社, 1988 年）の〈清北京城（乾隆 15 年）〉42 ～ 43 頁,〈清紫禁城（咸豊 6 年）〉〈清北京城（宣統年間）〉45 ～ 48 頁などをもとに作成。

- 皇帝
  - 中央*1
    - 軍機処（軍機大臣）
      - 総理各国事務衙門（総理衙門大臣）
    - 内閣（殿閣大学士・協辦大学士・内閣学士・内閣侍読学士）
    - 内務府（総管内務府大臣）…宮廷の事務*3
    - 宗人府（宗令・宗正）…皇族の事務
    - 翰林院（掌院学士・侍読学士・侍講学士・侍読・侍講・修撰・編修・検討）…皇帝の秘書室
    - 六部
      - 吏部（尚書・侍郎）…人事
      - 戸部（尚書・侍郎）…財政
      - 礼部（尚書・侍郎）…文教
      - 兵部（尚書・侍郎）…軍事
      - 刑部（尚書・侍郎）…司法
      - 工部（尚書・侍郎）…土木
    - 理藩院（尚書・侍郎）…藩部の行政*4
    - 都察院（左都御史・副史）…行政の監察
    - 通政使司（通政使・副使）…地方長官からの上奏文の処理
    - 五寺
      - 大理寺（卿・少卿）…刑獄
      - 太常寺（卿・少卿）…祭祀・儀礼
      - 光禄寺（卿・少卿）…宮廷の宴会・酒食
      - 太僕寺（卿・少卿）…車馬
      - 鴻臚寺（卿・少卿）…外国使節の応接
    - 国子監（管理監事大臣・祭酒）…国立中央大学
    - 欽天監（管理監務大臣・監正）…国立中央気象台
  - 地方*2
    - 順天府尹・府丞…北京周辺の行政
    - 総督（直隷・陝甘・四川・閩浙・両江・湖広・両広・雲貴）
    - 巡撫（江蘇・安徽・山東・山西・河南・陝西・福建・浙江・江西・湖北・湖南・広東・広西・雲南・貴州・新疆）
      - 布政使…財政
      - 按察使…司法
        - 道員
          - 知府
            - 知県
            - 知州
          - 直隷州*5
            - 知県
          - 知州
          - 直隷庁*6
          - 同知
      - 塩運使…塩務
      - 提督―総兵…緑営
    - 提督学政…教育行政

＊1　中央官制は官庁名，（　）内は長官・次官などの官職名。
＊2　地方官制は官職名。
＊3　…以下は職務の内容。
＊4　藩部は西蔵（チベット）・青海・蒙古（モンゴル）・東トルキスタン（1884年新疆省となり，巡撫を置く）。
＊5＊6　布政使司（省）に直属，府と同格。庁は新開拓地に置く。

●清代の行政機構と軍機処　軍機処《ぐんきしょ》は、清の雍正帝《ようせいてい》代に用兵の迅速化と軍事機密の保持を目的に創設されたが、その後乾隆帝《けんりゅうてい》代に機能が拡大され、政務全般を扱う内閣の職権をも吸収し、事実上清朝の最高政務機関となる。軍機処の責任者は数名からなる軍機大臣で、本官をもつ高官が兼務した。

●耆英（一七八七〜一八五八）満州正藍旗人。清の宗室に生まれ、廕生《いんせい》（大官の子弟に与えられる官人資格）により官界にはいり、一八三四年戸部尚書。アヘン戦争、アロー戦争時に対外交渉を担当するが、外国にたいするその軟弱姿勢を批判され、自刃を命じられた。

●李鴻章（一八二三〜一九〇一）安徽省合肥《ごうひ》の人。一八四七年の進士。曾国藩を師とし幕僚として仕えた。六二年に郷里で淮軍《わいぐん》を組織し、太平天国や捻軍の鎮圧にあたる。その後上海・天津を拠点に洋務運動を強力に推進した。曾国藩亡きあと清朝の政治・経済・外交・軍事の最高指導者として君臨した。

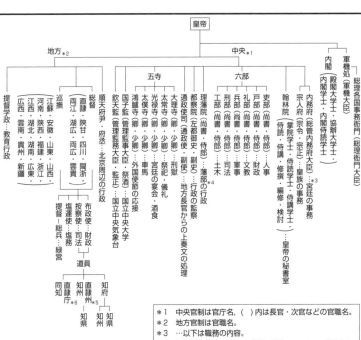

おりしもアヘン戦争が終結し講和が結ばれたときである。曽国藩がその事態をどう受けとめたかを直接語った記録はないが、その様子を伝える祖父母への便りがある。

開戦以来すでに二年、将は兵を知らず、兵は命を守らず、少しく国威は傷ついたが、講和はやむをえないであろう。これで夷狄《いてき》が永久に辺境を侵犯することもなく、四海の波が穏やかになるであろう。それが孟子▲の教えのように、大国たる礼儀の国中国がイギリスのような無礼野蛮の小国を遇する道にかなっているというなら、あれこれ言えないだろう。

この手紙から、曽国藩がいだいた官軍の無能ぶりと憂国の心情を垣間みることはできる。しかし講和が大国中華の恩恵であると認識し、アヘン戦争の結果が将来する中華の危機を深刻に感じてはいない。ちなみに当時対英交渉にあたった欽差大臣▲耆英《きえい》も、軍機大臣穆彰阿《ムチャンガ》▲も、講和における不平等条項▲を拒否すべきという自覚はなかった。むしろこの問題は、文明の国「中華」による野蛮の国「夷狄」にたいする教化という枠組みのなかで、「一視同仁▲」「聖恩▲」として肯定的に位置づけられていた。

▼**孟子**（紀元前三七二頃〜紀元前二八九頃）　山東省鄒県《すうけん》の人。戦国時代の儒家。孔子の思想を継承・発展させ、性善説にもとづき、誰もが聖人になりうると考え、徳治主義による王道論を唱えた。彼の言行録をまとめたものが『孟子』である。

▼**欽差大臣**　本官をもつ三品以上の大官が、皇帝から特定の事項に限って臨時の任務を与えられ、派遣される官職。内乱や戦争あるいは外交交渉の場合に派遣される。

▼**穆彰阿**（一七八二〜一八五六）　満州鑲藍《じょうらん》旗人。一八〇五年の進士。礼部・兵部・刑部などの侍郎、内務府大臣、理藩院・工部の尚書をへて二二年軍機大臣となり、二〇余年この地位にあった。その間兵部・戸部の尚書を歴任、協辦《きょうべん》・武英殿・文華殿の各大学士に叙せられた。重要な政務に従事していたことから、彼の周りに「穆党《ぼくとう》」と称せられる一大派閥が形成された。

曾国藩は一八四五（道光二十五）年に翰林院侍読となり、会試の答案の採点を補助する同考官を務め、翰林院侍講学士に抜擢された。このとき会試を受けた李鴻章は、採点にあたった曾国藩の目にとまり、その大器を認められて彼の門下生となった。

一八四七（道光二十七）年翰林大考の試験成績がよかったため、従四品の侍講学士からいちやく従二品の内閣学士▲兼礼部侍郎銜《かん》（文部次官待遇）に抜擢された。このとき満人学校の漢人教師試験の主任試験官（閲巻大臣）、武会試▲の主任試験官（主考官）、皇帝に代わって殿試の答案を読む読巻大臣なども兼務した。さらに四九（道光二十九）年には礼部右侍郎に昇任、兵部右侍郎署理（国防次官代理）をも兼ねた。ときに曾国藩は三九歳、湖南出身者では、これまでに例のない速い出世であった。

師弟同門関係

翰林院の構成員として最も名誉とする職務は、北京でおこなわれる会試もしくは地方の省都でおこなわれる郷試の試験官（考官）となることである。これは

▼**不平等条項**　南京条約における片務的最恵国待遇と関税協定権、領事裁判権を指す。

▼「**一視同仁**」　聖人君子がすべての者を（民も夷狄も）平等に扱う精神をいう。

▼「**聖恩**」　聖沢・皇恩・天恩ともいい、皇帝の恩恵（おめぐみ）という意味。

▼**内閣学士**　内閣の一ポスト。内閣は、清乾隆帝代にその機能が軍機処に吸収されるまで、上奏文にたいする皇帝の決裁、上諭の草案を起案するところであった。大学士（文華殿・武英殿・体仁閣・文淵閣・東閣の各大学士）・協辦大学士・学士・侍読学士などからなる。品秩は高いが、実権はなく、功績のある老臣への褒賞となった。

▼**武会試**　武科挙の一段階。科挙には文科挙と武科挙がある。武科挙

名誉ばかりではない。官僚として、文化人として、勢力を扶植する機会でもある。出題に自己の学問と文学の傾向を暗示し、あるいは明示することで、受験生をその方向に向かわせることができる。また試験の合格者は一生涯、考官を師として尊敬し、堅い子弟のちぎり(師生の関係)を結ぶ。正副考官を座師、同考官を房師と称し、合格者自らを門生といい、同期の合格者を同年と呼び合う。この縦の座師と門生の関係、横の同年の関係とが縁故(コネクション)の網を織りなして、閥をつくり、それが保身と栄達のために大いに役立っていた。

曽国藩が、翰林院に残り礼部侍郎へ抜擢される異例の昇進をした背景には、軍機大臣穆彰阿と師生の関係があったことによる。穆彰阿は、曽国藩が三度目に受験し合格した一八三八(道光十八)年の会試において、主任試験官(正考官)を務めた人物である。したがって穆彰阿は、曽国藩の恩師であり、穆にとっても曽は、愛弟子であり門下生であった。穆彰阿は、道光帝から絶大な信頼をおかれていた当代きっての満州人の権臣であった。曽国藩の昇進は、恩師穆彰阿の引きによるところが極めて大きかったのである。

皇帝直属の翰林官は、政策決定からも利害関係からも程遠い「清貴」の官と

は武挙、武科ともいい、文科挙とまったく同じ階梯をのぼる。学校試にあたる武県試・武府試・武院試をへて武生員となる。ついで科挙試にあたる武郷試・武会試・武殿試をへると、武進士となる。試験は騎射・歩射・技勇(開弓・舞刀・重量挙げ)などの実技と、『孫子』『呉子』『司馬法』などの武経七書から出題される学科試験がある。

いわれ、俸給は低かった。翰林院検討であった曽国藩の一八四一（道光二十一）年の年間法定収入は一三〇両、支出総額（生活費・居住費・衣服費・交際費・雇用費・書籍費）は六〇〇余両。その赤字は貯金・借金・餞別などで補われていた。その苦しい京官暮らしを補塡したのが地方への出張公務である。それは、国家的イベントともいうべき科挙を掌る学政▲や郷試の考官としての業務である。曽国藩の場合、四三（道光二十三）年四川郷試の正考官として成都に派遣されたとき、政府から六〇〇両、成都で公金二四〇〇両、一二名の試験官から五一三両、門生（合格者）から五〇〇両、旅費四〇〇両、総督・布政使▲・道員▲ら成都の官僚から九三八両など、あわせて六〇〇〇両近い現金収入をえている。

職務を終えた年末の収支決算では、借金をすべて返済しても一四〇〇余両残り、なおかつ実家や親戚に一〇〇〇両を送金したという。正考官は、単なる名誉だけではない。翰林の官にとって薄給を補塡できる、実にうま味のあるポストであった。当時の官僚のなかで、曽国藩は清廉でまじめな人間であった。そうした彼でも、正規の給料では生活できなかったのである。

中央官庁に勤める京官は見栄えはいいが、収入となると、地方の外官にはる

▼**学政**　提督学政という。院試の試験官として省内をめぐる。主に翰林官のなかから三年の任期で派遣される欽差官。品級は低いが、皇帝に直属し、省の長官である総督・巡撫と対等であった。

▼**布政使**　各省の銭穀の出納、戸口・田土の調査報告、朝命の宣布、道・府以下の文官の監督・転免、科挙・祭祀・駅伝など一般行政のほとんどを統括した。

▼**道員**　道台・道とも呼ばれ、俗に観察ともいう。道とは省と府のあいだにある行政単位を指す。道員にはその地域の一般的な行政事務を掌《つかさど》るものと、全省にわたり特別な職務を担うものがいる。後者に河工道・塩法道・督糧道・駅伝道・海関道などがある。

かにおよばない。有名な諺に「三年清知府、十万雪花銀▲」というのがある。知府の年俸は養廉銀《ようれんぎん》▲をふくめて三〇〇〇両、三年でせいぜい一万両。それが実際は一〇万両、というのである。概して中国の官僚は、俸給は低く、規定外の収入の方がはるかに多い。ここに科挙に合格して官僚となるねらいがある。受験生がめざすは「陞官発財《しょうかんはつざい》▲」つまり官界の出世コースに乗って、ひと財産を、ということになる。

桐城派との出会い

曽国藩が一八四〇(道光二十)年から、母の服喪で帰郷する五二(咸豊二)年まで過ごした北京における官僚生活のなかには、官界を昇進していった側面だけではなく、文章家として思想家として深化していった過程を垣間みることができる。

地方の片田舎で、科挙のための形式化した無味乾燥な学問(俗学、八股試帖の学といわれた)に没頭してきた曽国藩に、北京という都会の空気は新鮮な息吹を与えた。まず曽国藩の心をとらえたのは「文によって道を求める」とい

▼**「三年清知府、十万雪花銀」**　「どんな清廉な知府でも、三年勤めれば白銀十万両をためることができる」という諺。

▼**養廉銀**　雍正帝代にはじまった地方官への職務手当。養廉とは廉潔の心を養うという意味。税を銀納する場合、いったん溶かして改鋳するため、目減りがおこる。地方官はその目減り分をあらかじめ付加して任意に徴収した。それによっておこる弊害をなくすために、その徴収法を公的なものと認め、その目減り収入を財源とし、地方官に養廉銀として支給した。

▼**陞官発財**　「官に陞《のぼ》れば財を発する(金もちになる)」という意味。

▼**郎中**　六部の各尚書・侍郎のもとにある部局の部長に相当する役職。

▼**梅曽亮**(一七八六〜一八六五)　江蘇省江寧の人。一八二二年の進士。鐘山《しょうざん》書院(南京)で講学する姚鼐に

う桐城派の文学であった。曽国藩は戸部郎中▲の梅曽亮《ばいそうりょう》▲から、姚鼐▲門下の流れを汲む桐城派の作風を学んだ。その作風を端的に表現すれば、文は人なりという考え方にたち、唐宋八大家の文体(古文)でもって、孔孟(孔子・孟子)の道を説く、それが最上の文章とされたのである。

しかし桐城派の文章は禁忌《タブー》が多く、形式主義に流れ、八股文の変形などと揶揄されるようになったことから、曽国藩はその弊害や空疎さを矯正し、時勢に順応させることで、その内容を充実させようとした。そのために考証学や経世《けいせい》致用《ちよう》の学▲に学び、『漢書』『文選《もんぜん》』をはじめ経部・史部・子部《しぶ》▲のなかから、よき文章を広く選読し、文章の修辞を学び、その行間にひそむ聖賢の叡智と精神を体得することに努めた。曽国藩の存在は、桐城派の新たな発展に大きな力となったといわれる。彼の日記の手跡は読みやすく、文章は平易で温雅で実用的である。のちにこれらの文章を絶賛する人たちがあらわれ、唐宋八大家にちなんで、彼を明清八大家▲の一人に選んでいる。曽国藩には桐城派の流れを汲む多くの幕僚や弟子たちがいた。その筆頭は曽門の四弟子といわれる張裕釗《ちょうゆうしょう》▲・黎庶昌《れいしょしょう》・薛福成《せっぷくせい》・呉汝綸《ごじょりん》▲である。張裕釗は書家として名を馳せ、黎庶昌・薛福成は

師事、古文の素養を高く評価される。四九年官を辞し故郷に帰る。

▼姚鼐(一七三一〜一八一五)　安徽省桐城の人。叔父姚範に古典を、劉大櫆に古文を学ぶ。一七六三年の進士。官は兵部・刑部の主事、刑部郎中、四庫全書官編纂などをへる。官を辞して四〇余年、鐘山書院など各地で講学。書も詩も巧みで、学品兼備といわれた。先秦から清代までの古文を選び、『古文辞類纂』(一七七九年)をつくり、批評を加えて、文章の模範を示した。

▼経世致用の学　現実の政治や社会に役に立つ学問。

▼経部・史部・子部　旧中国における独自の学問体系あるいは図書分類。四部分類と呼ばれ、経部・史部・子部・集部からなる。経部とは、四書五経のような儒教の根本経典、その注釈書、訓詁・音韻額などの小学の書。史部とは歴史部門で、正史、

外交官として曽国藩や李鴻章の外交政策を支え、呉汝綸は曽や李の上奏文を多く手がけたといわれる。

曽国藩の日記によれば、この間寸暇を惜しんで読書に親しむとともに、書店や文具店・骨董店の並ぶ瑠璃廠《ルリチャン》▲街にしばしば足を運んだという。一八五二(咸豊二)年までに購入した書籍は、三〇余箱七〇〇〇冊におよんだ。彼が当代一流の学者ともいわれるゆえんである。

宋学との出会い

俗学(科挙の学問)から文学(桐城派)に目覚めた曽国藩の学問的関心は、やがて文学から宋学へと転じた。

曽国藩は一八四一(道光二十一)年八月、江寧布政使から北京の太常寺卿《たいじょうじけい》▲に転じた唐鑑《とうかん》▲のもとを訪れ、彼の謦咳《けいがい》に接して、真の学問にふれることができた、と語る。唐鑑は湖南の大先輩で、中央政界で人望が厚かった。実践を重んじる宋学の大家で、陸王の心学▲を排斥し、清代考証学(漢学)にたいしても極めて批判的であった。

編年類、記事本末類、伝記、地理など。子部とは、経以外に独自の説をたてるもので、諸子百家の書など。集部とは文学部門で、楚辞類、詩文評類、別集類(個人の全集・文集)、総集類(たとえば『文選』)など。

▼明清八大家　明の劉基・帰有光・王世貞、清の顧炎武・姚鼐・張恵言・龔自珍《きょうじちん》・曽国藩の八人の文章家。

▼張裕釗(一八二三〜九四)　湖北省武昌の人。挙人。内閣中書となる。曽国藩の幕下にはいり、のち保定の蓮池《れんち》書院で教鞭をとる。桐城派の文章家としての文辞の技量と碑学派《ひがくは》の書家としての書法は高く評価された。碑学派とは北朝の碑の書法に学ぶグループで、清末に隆盛となる。康有為は彼の書法を「碑学の集大成」と激賞した。

▼呉汝綸(一八四〇〜一九〇三)　安徽省桐城の人。一八六五年の進士。

●黎庶昌（一八三七〜九七）　貴州省遵《じゅん》義《ぎ》の人。貢生（生員の優秀者で、最高学府の国子監で学ぶことを許された者をいう）。一八六三年曾国藩の幕下にはいり、桐城派の文章を学び、捻軍討伐の従軍中は起草に携わる。呉江・青《せい》浦《ほ》の知県などを歴任。七六年駐英公使郭嵩燾の渡英に参賛（書記官）として随伴、西洋近代への見聞を広めた。八一年には第二代駐日公使となり、通算七年在勤。公使在任中には中国で散逸している古典籍二六種を収集・覆刻し『古逸叢書』をつくる。

●薛福成（一八三八〜九四）　江蘇省無《む》錫《しゃく》の人。貢生。一八六五年曾国藩が賢才を招致した際に提出した八カ条の提言が曾国藩の認めるところとなり、彼の幕僚となる。曽のもとにあって、従軍中も政務のおりも、宋学と散文の研鑽を積み、また洋務の改革提言もおこなった。曽国藩亡きあとは李鴻章の幕下にはいり、洋務のエキスパートとして外交交渉の分野で活躍。八九年に駐英仏白《ベルギー》伊兼任公使となり四年在勤。この西洋体験を通して、西洋の軍事的経済的侵攻の背景には、優れた科学と経済組織・政治体制のあることを認識し、万国公法（国際法）による対外交渉、変法自強の改革を提起した。彼は明確に洋務論から変法論への転換点にいた。

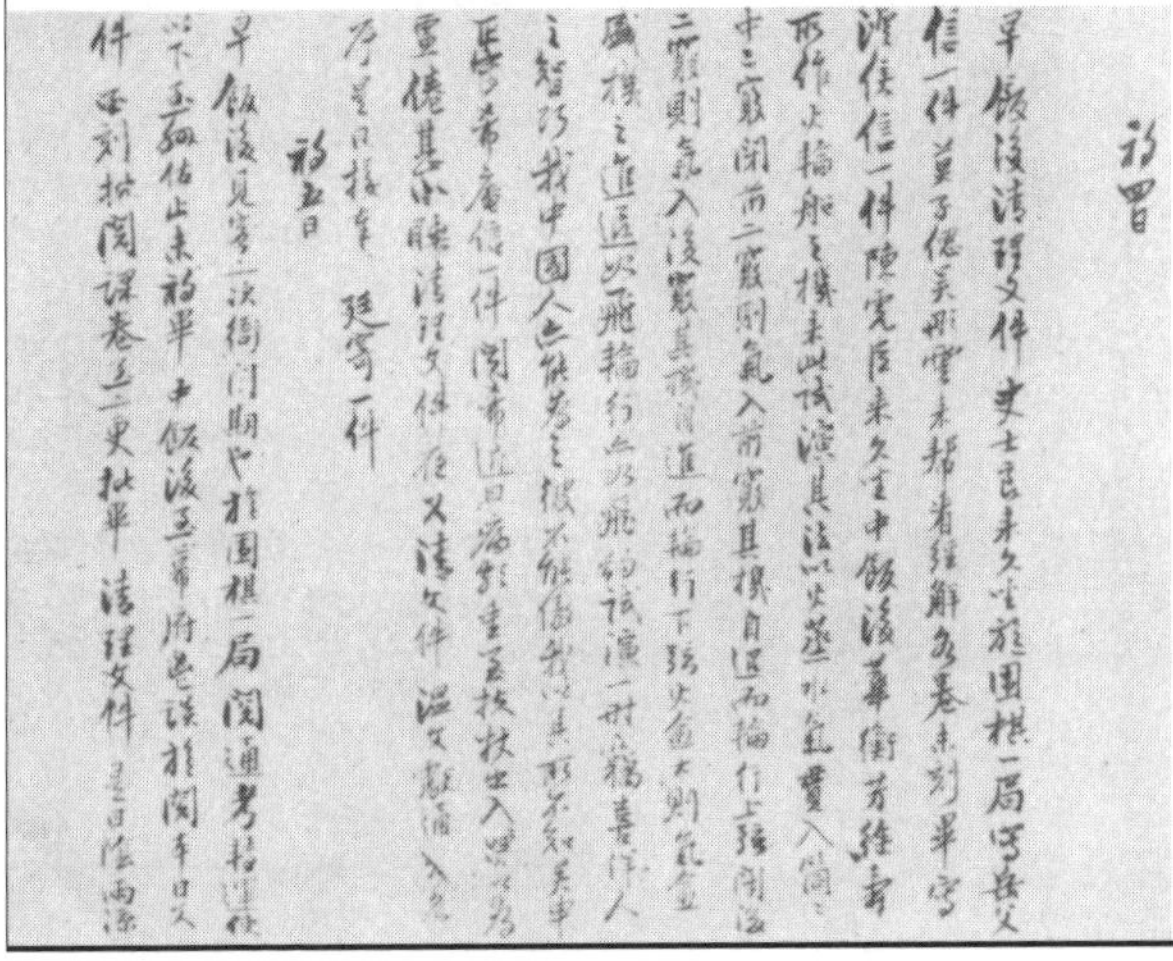

●曾国藩手書きの日記（同治元〈一八六二〉年七月初四日）　曽国藩が試作蒸気機関の実験を視察したときの日記。

曽国藩は唐鑑を師として宋学を学ぶなかで、師から倭仁《わじん》▲の修身方法を紹介され、倭仁との交流がはじまった。倭仁の修身方法とは、自らの一言一動を日記に記し、日々厳しく自己反省するというものである。日記を通した自己批判と反省という修養のあり方は、個々人の道徳的完成を尊ぶ朱子学の考えに由来している。倭仁は当時の権臣穆彰阿の人脈につながり、曽国藩の昇進の保証人でもあった。学識豊かな儒学者をもって道光帝・咸豊帝《かんぽうてい》の師傅《しふ》（学問がかり）となる一方で、のちに保守派のリーダーとして洋務派の西学導入に反対し、曽国藩らと対立した。

曽国藩は倭仁の実践に学び、日記を書きはじめることになる。師唐鑑や畏友倭仁、京官の仲間陳源兗・呉廷棟《ごていとう》▲・何桂珍《かけいちん》▲らと、日記を回し読みし、お互いに評語を書き留めあい、徳目の実践に切磋琢磨した。曽国藩が自らに課した修養の徳目は、たとえば己を空しくして人を敬する、人欲をとどめる、言行を慎むなどの倫理的徳目から、正史を読む、毎日読書し理解した点をメモする、毎月詩文をつくる、時間があれば静座・黙座する、食後に字を習う、早起きする、夜外出し酒色を漁らない、などの日常的な徳目まで、広範多岐にわたる。日記

内閣中書となったが、曽国藩に招かれて幕僚となる。直隷の知州・知府を歴任、任地では書院を開き講学。曽国藩亡きあとは李鴻章の重用を受け、保定の蓮池書院の主講となる。桐城派の正統を継ぐ文人であり、学者である。一九〇二年の清朝の新政改革で京師大学堂の総教習となった。

▼**瑠璃廠街**　元明代に瑠璃と呼ばれる瓦をつくる工場があったことに由来する街路。筆・硯・墨・紙の文房四宝、書画、骨董、印章の店が軒を連ねていた。街路は北京城の宣武門の南に位置する。曽国藩の京官時代の住居はこの地域にあった。

▼**太常寺卿**　太常寺は祭祀や儀礼を管掌する役所。卿はその長官。

▼**唐鑑**（一七七八〜一八六一）　湖南省善化（現長沙）の人。一八〇九年の進士。翰林院検討から浙江道御史、山西・貴州の按察使、江寧布政使などを歴任。のち江寧書院の主講とな

にはその徳目にたいする自己点検が赤裸々につづられ、日々被虐的なまでの反省の言葉がちりばめられている。閨房《けいぼう》のことも包み隠すことなく記し、その都度わが身が色欲に溺れたことを悔いたりしており、むしろ滑稽でもある。

宋学は、儒学本来の目的である経綸（世を治め秩序づけること）・正名《せいめい》（名分を正すこと）・修養（道を修め徳を養うこと）の自覚を深め、儒学を国家の政治や個人の生活に結びつけようとした。それはより強力な専制王朝体制を支える原理となり、宋以後の官僚社会に圧倒的な地位を占め続けた。

しかし清代になると、異民族王朝への批判を回避し、「実事求是」にもとづく古典解釈を主とする考証学（漢学）が盛んとなった。考証学は、孔孟の教えから遠く離れ主観に偏した宋学などとは異なり、経書（孔孟の教え）自体の本来の意味を証拠をあげて正確に把握しようとする科学的な学問で、古く漢代につくられた注釈書を重んじた。したがって漢学と呼ばれる。考証学は本来厳格な考証によって経世致用の学に高めることをめざしたものであったが、考証が精密化するとともに、学問のための学問と化した。そこで個人の修養と治者としての自覚を結びつける宋学の道徳的教説があらためて見直され、宋学が十九世紀

り、晩年は湖南省寧郷の美嶺山に隠居し、読書に専念する。

▼陸王の心学　南宋の陸九淵《りくきゅうえん》と明の王陽明の説く唯心論。朱子学では、人が生きていくには道を求めねばならない、道に達するには人間の本質を見極めねばならない、人の心には本質である性と欲望の情があり、その性にこそ道があり、情を捨てて、すべての「事の窮極」にまで到達すれば、道に達するという、「性即理」を基本とした。これにたいして陸王の心学では、「心即理」すなわち道は心そのもののなかに完全に備わっている、心以外の「事の窮極」をたずねるのではなく、心そのものを正してこそ道に到達できる、とする。

▼倭仁（一八〇四～七一）　蒙古正紅旗人。一八二九年の進士。清末の保守派を代表する学者官僚。翰林院侍講学士・侍読学士、詹事府《せんじふ》詹事（皇太子の養育を掌る官）、大理寺卿、工部尚書などを歴任、文華殿大学士に

中葉に復権することになる。

曽国藩の儒学的教養は、桐城派の影響を受けながら、宋学を骨格とし、考証・詞章（文学）・経世致用の学を血肉として形成され、さらには諸子の学をも融合させたもの、といわれる。曽国藩は、思想そのものを深めたり、批判したり、祖述したりすることに関心を示さなかった。彼は一貫して、理想的な官僚の木鐸《ぼくたく》となるための理論的根拠を宋学に求め、それを実践するために精神的修養・鍛錬に努め、知行合一《ちこうごういつ》▲をめざしたのである。曽国藩は、学問として創造的なものを生みだしたわけではないが、道徳的実践を通じて宋学を一段と高めた。彼を「道学の徒」と評するのは、その限りではあたっているといえる。

しかし宋学の実践主義にもとづく修練の日々は実質を重んじるあまり、曽国藩にとって精神の過度の緊張を高めることになったし、また桐城派の文学に心酔したこともあった彼にとって、倭仁らの実践を重んじ文章を軽んじる傾向にはついていけず、修養克己の生活から離脱することになる。というよりは離脱せざるをえなくなった。というのは一八四三（道光二三）年の大考の結果、曽国藩は翰林院侍講となり、四川の郷試の正考官に任官し、多忙となったことにも

叙せられる。

▼**呉廷棟**（一七九三〜一八七三）　安徽省霍山《かくざん》の人。貢生。刑部主事、直隷の知府・按察使、山東布政使、一八六二年兵部侍郎となる。

▼**何桂珍**（一八一七〜五五）　雲南省師宗《しそう》の人。一八三八年の進士。翰林院編修・侍読、貴州学政などをへて、五四年安徽の道員となる。団練を召募して太平軍と抗戦、殺害される。

▼**知行合一**　王陽明の論で、知ることも行なうことも、心の本体から発していなければならないという意味。知識（認識）と実践を一体とすること。

よる。しかし北京におけるこうした生活は、彼の人生観・学問観に大きな影響を与えていった。

③—太平天国と湘軍

道光帝から咸豊帝へ

一八五〇（道光三十）年二月道光帝が死去し、年若い咸豊帝が即位した。清朝は中国歴代王朝のなかでも、創業以来有能な皇帝が続いた特筆すべき王朝であったが、その後半期になると様相は一変した。清末の咸豊帝・同治帝《どうちてい》・光緒帝・宣統帝《せんとうてい》と続く四代は、いずれも若年あるいは幼児のときに皇位に就いた。これは王朝が末期的症状に陥ったことを示すものでもある。

帝位を継いだ咸豊帝は、即位後歴代皇帝の慣例に倣って、中央・地方の高官に率直な意見を求めた。当時礼部右侍郎であった曾国藩は、先帝の残した遺言をめぐる下問に名回答で応え、咸豊帝の知遇をえることになった。彼はこれを契機に、矢継ぎ早に日ごろの抱負を新帝に献策した。特に一八五二（咸豊二）年二月の、民間の疾苦を備《つぶ》さに陳《の》べた上奏は、当時の深刻な社会情勢を赤裸々に記している。彼は、「銀貴銭賤《ぎんきせんせん》」▲による重税、匪賊の横行、官僚・官軍の腐敗などで民心が離反している現状は、国家の存亡にかかわる問題であり、その解

▼**「銀貴銭賤」**　銀の値段が高騰し、銅銭の価値が下落すること。当時銀の値段は二〇年前に比べて約二倍に跳ねあがっていた。農民は普段は銅銭しか使用しないが、土地税は銀建てのため、その支払いのためには以前の二倍は工面しなければならない。小作料の支払いとなれば、その部分が同じように上乗せされて、つりあげられた。

▼**怡親王載垣**（一八一六～六一）　満州鑲藍旗人。排外的な咸豊帝の信任をえて、御前大臣として重要な位置を占め、対外強硬論・主戦論を唱え、アロー戦争の対外交渉を決裂に導き、英仏連合軍の北京入城を招いた。

▼**鄭親王端華**（一八〇七～六一）　満州鑲藍旗人。主戦派として怡親王載垣を支える。

▼**宗室**　皇室のこと。

決が急務である、と訴えた。その分析は、曽国藩の故郷である湖南の現況を反映したものでもある。時あたかも太平天国軍(以下太平軍)が永安(広西省)を占領しているときであった。まさか数カ月後に太平軍が湖南に雪崩を打って進軍してくるとは、思ってもいなかった。

これと前後して咸豊帝は、権臣の罷免を断行した。その標的になったのが穆彰阿と耆英である。ともに満州人で、先帝のもとで長らく軍機大臣を務め、権勢をほしいままにしてきた政界の第一人者であり、政治の腐敗と外交の失敗の元凶とみなされていた。なお失脚した穆彰阿は、曽国藩を抜擢し官界へのデビューを後押したその人であったが、曽国藩はすでに咸豊帝の知遇をえていたため、難を逃れた。

咸豊帝の治世は、太平天国の内乱(一八五一〜六四年)とアロー戦争(一八五六〜六〇年)による列強の侵略に見舞われた時代である。新たに皇帝の側近として政務を担当したのが、怡親王載垣《いしんのうさいえん》▲・鄭親王端華《ていしんのうたんか》▲・宗室▲粛順《しゅくじゅん》▲・恭親王奕訢《きょうしんのうえききん》である。そのリーダーが政治的手腕に富んだ野心家の粛順であった。彼は満州人官僚を尊重せず、曽国藩および彼の影響下にあった胡林翼▲・駱秉章▲・李鴻章・

▼**粛順**(一八一六〜六一)　満州鑲藍旗人。兄の鄭親王端華を通じて咸豊帝に近づき、都察院左都御史、理藩院・礼部・戸部の尚書を歴任、一八六一年協辦大学士に叙せられる。

▼**胡林翼**(一八一二〜六一)　湖南省益陽の人。一八三六年の進士。翰林院編修をへて貴州の知府を歴任、当地で会党や苗族《びょうぞく》の反乱を平定した。太平天国が起きると、五四年貴州の郷勇(黔軍《けんぐん》)を率いて湖南に出兵、曽国藩の湘軍と行軍をともにし、武昌、九江、安慶の奪回に奮戦した。その間に湖北布政使、湖北巡撫となる。六一年武昌で病死。宋学の学識高く、清廉な官僚であった。曽国藩・李鴻章・左宗棠《さそうとう》と並んで「中興の名臣」と称される。

▼**駱秉章**(一七九三〜一八六八)　広東省花県の人。一八三二年の進士。湖北按察使、貴州・雲南の布政使から五〇年湖南巡撫となり、太平天国の攻撃から長沙省城を死守。このと

清朝皇帝の系図

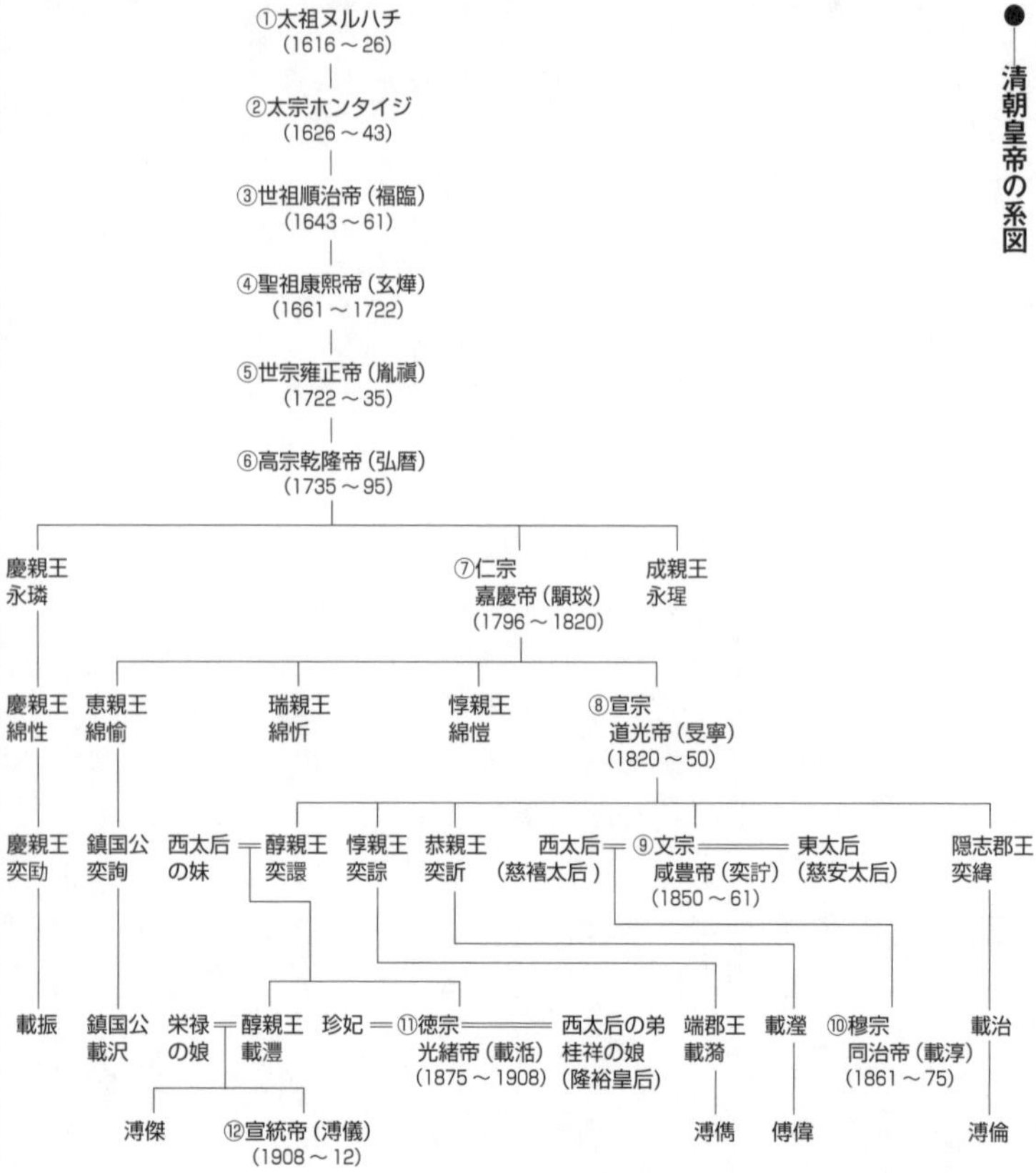

＊皇帝表記は廟号，皇帝名，（名），（在位期間）の順である。

道光帝（一七八二〜一八五〇）　清第八代皇帝。嘉慶帝の次子。名は旻寧《びんねい》、諡は成皇帝、廟号は宣宗。

咸豊帝（一八三一〜六一）　清第九代皇帝。道光帝の四子。名は奕詝《えきちょ》、諡は顕皇帝、廟号は文宗。

東太后（一八三七〜八一）　鈕祜禄《ニュウフル》氏に属す。咸豊帝の皇后。慈安太后ともいう。「西太后は才にあり、東太后は徳にあり」と評され、温順・謙譲の人であったという。

西太后（一八三五〜一九〇八）　葉赫那拉《エホナラ》氏に属する旗人。咸豊帝の側室、同治帝の生母。慈禧太《じきたい》后《ごう》、懿貴妃《いきひ》、孝廉顕《こうれんけん》皇后ともいう。義和団における列強への宣戦布告、光緒帝の変法改革にたいする弾圧にみられるように、排外保守の立場から政局に深く関与した。

恭親王奕訢（一八三三〜九八）　道光帝九子中の第六子。第四子が兄の咸豊帝。対外的には和平派としてアロー戦争を終結させ、国内的には洋務派官僚を登用して太平天国・捻軍などの反乱を鎮定、西学を導入して洋務運動を推進した開明的な中央のリーダーであった。一方対外妥協派として「鬼子六《クイズリュウ》」（毛唐とつるむ六男坊）と揶揄された。

同治帝（一八五六〜七五）　清第十代皇帝。咸豊帝と西太后の子。名は載淳《さいじゅん》、諡は毅皇帝、廟号は穆宗《ぼくそう》。

光緒帝（一八七一〜一九〇八）　清第十一代皇帝。父は道光帝の第七子醇親王奕譞《じゅんしんのうえきかん》、母は西太后の妹。名は載湉《さいてん》。諡は景皇帝、廟号は徳宗。

宣統帝（一九〇六〜六七）　清第十二代皇帝。光緒帝の弟醇親王載灃《さいほう》の子。名は溥儀《ふぎ》。辛亥革命で退位する。満州事変のなか日本軍の手で満州国執政となり、一九三四年皇帝（康徳帝、在位一九三四〜四五年）となる。

郭嵩燾らの有能な漢人官僚を自らの権勢の盾として重用し、排外主義を展開した。こうした皇族が権力を握ることで、軍機大臣・内閣大学士など本来制度上最高権力を構成する官僚の実権が弱くなり、漢人官僚の台頭を生む余地ができ、なおかつのちに帝母西太后が最高権力をふるう萌芽ともなった。

太平天国の誕生

アヘン戦争がおこったのは一八四〇(道光二十)年、それから一〇年をへて清朝は空前の内乱に見舞われた。太平天国の反乱である。為政者の側からは、彼らの長髪のスタイルなどから、長毛・髪逆・髪匪・長髪賊あるいは逆匪・粤匪《えつひ》▲などと呼ばれた。その指導者洪秀全は、キリスト教にもとづく教団上帝会を組織し、清朝打倒を掲げ、貧民の理想郷である太平天国(万民平等の社会)の建国をめざした。

内乱の背景にはアヘン戦争後に、より深まった社会不安の増大があった。賠償金・戦費など歳入の三分の一にあたる債務を各省に分担させたこと、アヘンの密輸入の増加にともなう銀の流出が増加し「銀貴銭賤」となったこと、財政

き左宗棠を幕僚に招き、曽国藩の湘軍編成を援助、以後七年間にわたり後方にあって湘軍を政治的・経済的に支えた。六一年四川総督となり、雲南からの反乱軍を鎮定、六三年太平軍の別動隊石達開を迎撃し、捕殺する。六七年総督在任のまま病死。

▼**粤匪**　広東・広西の匪賊という意味。

▼**抗租抗糧**　抗租とは、小作農が地主にたいして地代の減免を要求する闘い。抗糧とは、自作農や中小地主が土地税の減免を要求する闘い。

▼**秘密結社**　組織の存在理由や組織運営上の一部を秘密にすることを積極的目的とした、血縁や地縁によらない、任意加入の集団。旧中国では、秘密結社の分布状況を形容する言葉に「北教南会」がある。これは華北には白蓮教・羅教《らきょう》などの教門(宗教秘密結社)、華南には天地会・三合会・哥老会《かろうかい》などの会党(秘密結社)が

難から治水・灌漑が放置され、水害・旱害・蝗害《こうがい》(いなごの害)が頻発したことなどによって、民衆の窮乏化・流民化・遊民化が促進された。これらを背景に華中・華南では、抗租抗糧▲や秘密結社▲などの暴動が頻発した。

特に広東・広西・湖南の社会情勢は深刻であった。これらの地域には、アヘン戦争後に解雇された傭兵、貿易中心地が広州から上海へ移ったことによって失業した水夫・荷役運搬夫や商人・鉱夫らが大量に流入し、また先住の漢人から経済的社会的差別を受け抑圧されていた貧しい客家《はっか》▲や少数民族▲や回民▲が多数存在した。さらにこれらの地域は、歴史的に「反清復明」「替天行道《たいてんこうどう》」「官逼民変《かんひつみんへん》」「劫富済貧《ごうふさいみん》▲」などのスローガンを掲げる天地会▲などのアウトロー集団の活動舞台であり、各地でたえず蠢動《しゅんどう》し、社会不安をかきたてていた。こうした状況のなかで太平天国の反乱は醸成された。

一八五一(咸豊元)年一月、洪秀全は上帝教の信徒一万を広西省桂平県金田村に集めて挙兵し、太平天国と号し、自ら天王と称した。太平軍は清軍と激しい攻防戦を繰り広げながら北上、九月広西省永安を占領し、半年間ここに駐留し、その間に新王朝体制を準備した。私財の私有を禁じて聖庫《せいこ》▲制を強化し、軍制や

多いという意味。この両者の違いは、結合の紐帯が前者は宗教による結びつき、後者はそれ以外の仁義・兄弟あるいは政治理念などによる仲間的結合である。秘密結社というのは、本来農本社会からはみ出た貧民・流民・遊民が広域的な相互扶助を実現するための組織であった。

▼客家　かつて黄河流域の中原に住んでいたが、戦乱に追われて南方に移住してきた漢人集団。移住先の社会からすれば、彼らは外来の存在(客人)でしかなく、多くは生活条件の悪い山間で貧しい生活を送った。しかし漢人の正統な末裔、中華の本流という意識が独自の方言と生活習慣を守り、血縁関係を中心とする強い結束力を生み出した。

▼少数民族　複数の民族によって構成される国家のなかで、相対的に人口の少ない民族の総称。中国では漢族以外の少数民族は、現在五五あり、人口の八パーセント(二〇〇〇年

太平天国の領域と開港都市

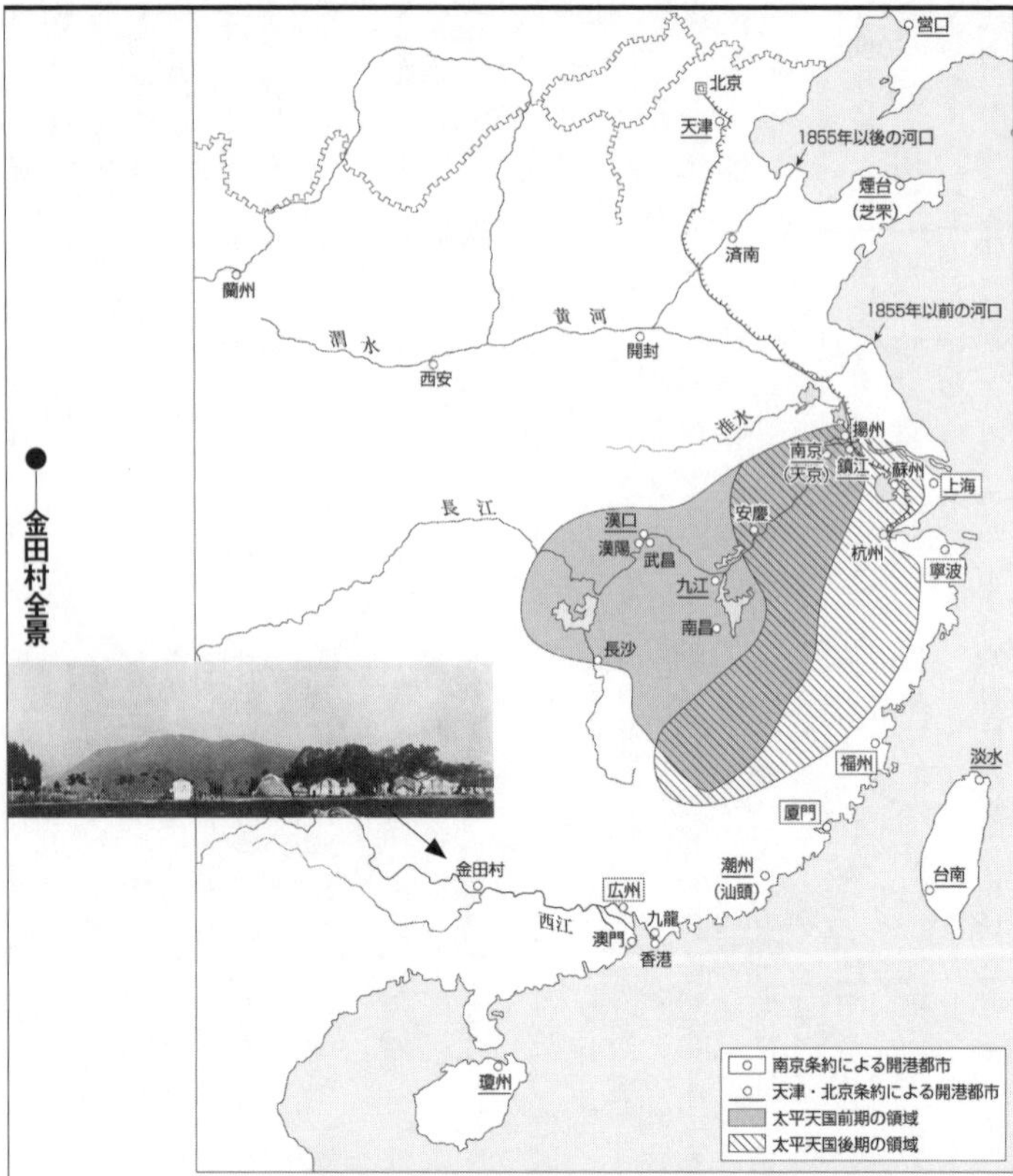

〔出典〕松田寿男・森鹿三編『アジア歴史地図』（平凡社，1968年）の〈清末の動乱〉80頁をもとに作成。

金田村全景

洪秀全（一八一四〜六四）　本名洪仁坤《こうじんこん》。広東省花県の自作農家の生まれ。客家出身。学業に優れ、郷里の期待を担い、村塾の教師をしながら科挙（童試）に四度挑戦したが、失敗。そんなおり彼とキリスト教の出会いがやってきた。それは、熱病のなかでみた「幻夢《げんむ》」体験（昇天し、金髪黒衣の老人から妖魔を一掃し、正しい信仰を普及させよとの使命を受けたこと）と、広州の街で入手したキリスト教の伝道冊子『勧世良言《かんせりょうげん》』（中国人最初のプロテスタント宣教師梁発の漢訳本、一八三二年）の内容から受けた神の啓示である。洪秀全は、夢にみた老人こそ天父エホバであり、自らをエホバの子と確信、救世主として妖魔（邪教・偶像・皇帝）を打ち払い、地上の楽園をつくることが使命だと考えた。

　上帝会は洪秀全の創始した上帝教にもとづき、一八四三年に設立された宗教結社（教団）。洪は、中国古来の天の主宰者とされる上帝をエホバ（天父）と等置し、唯一無二の真の神と位置づけ、そのもとでは万民が兄弟姉妹であると説いた。上帝会は、厳しい禁欲主義を掲げ、すべての偶像崇拝を否定、郷村の神像・神廟を破壊したため、伝統的な村落秩序と正面衝突し、郷紳・地主らの率いる団練と武力抗争となった。めざすものは、「天朝田畝《てんちょうでんぽ》制度」にもとづく土地の国有と均分、余剰生産物の公

●—太平天国軍の進攻図

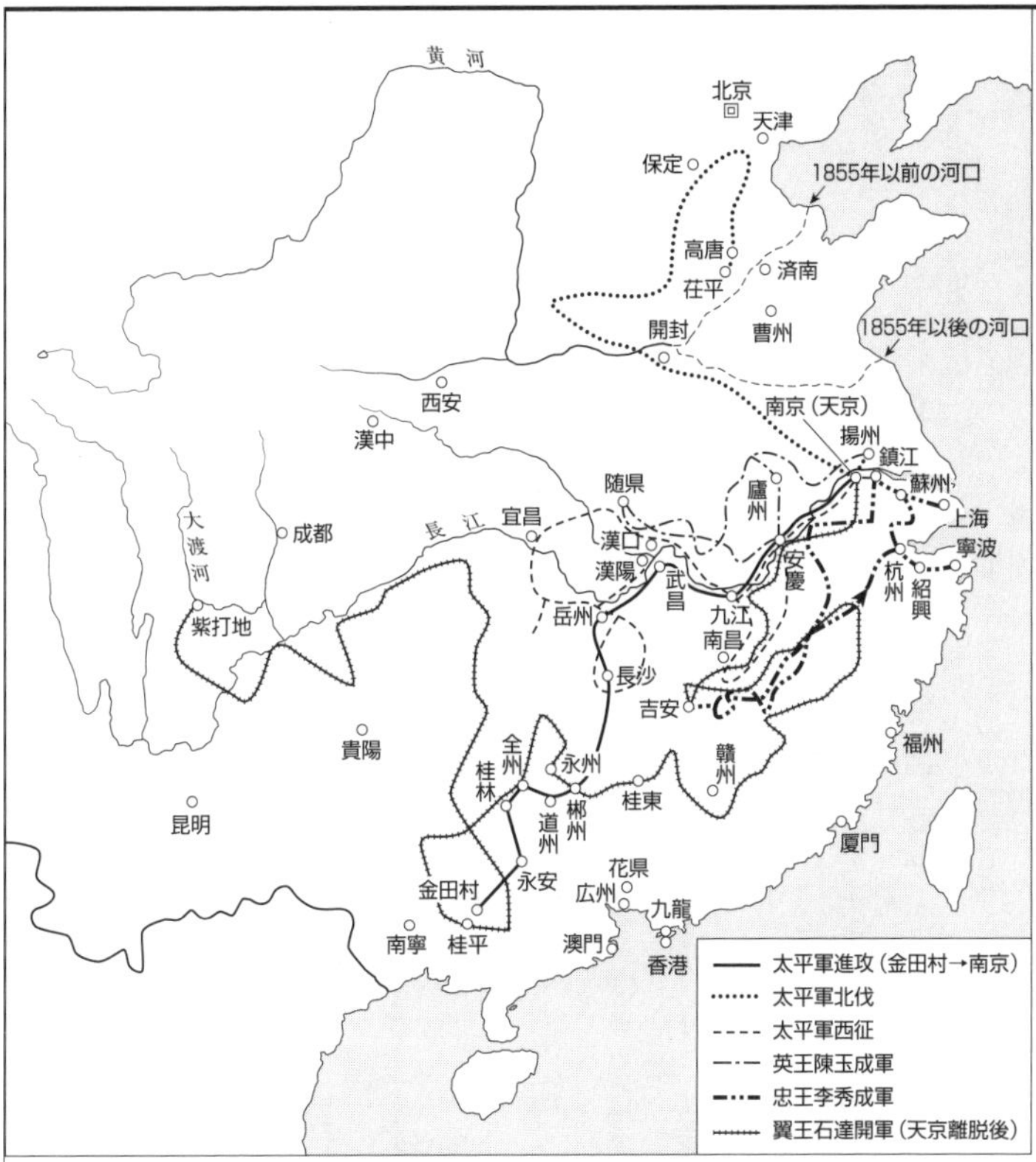

〔出典〕楊家駱主編〈中国近代史文献彙編之一〉『太平天国文献彙編』第1冊の〈太平天国革命形勢略図〉をもとに，張海鵬編著『中国近代史稿地図集』（地図出版社，1984年の〈太平天国前期形勢〉21～22頁と〈太平天国後期形勢〉41～42頁をもとに作成。

有化など、対立と差別のない大同の世界（平均主義的ユートピア）の実現であった。

上帝教とは洪秀全が『勧世良言』からくみあげた唯一神エホバに帰依するという、太平キリスト教ともいうべき信仰。信仰拡大のなかで土俗的信仰や中国的平等思想（儒教の大同《だいどう》思想）を受容した、極めて中国化・土俗化したキリスト教。土俗的信仰とは、当地では「降僮《こうどう》」「仙姑《せんこ》」と呼ばれる巫術《シャーマニズム》で、鬼神が体に乗り移ってお告げをする、というもの。天王洪秀全はできなかったが、東王楊秀清には天父エホバが、西王蕭朝貴には天兄イエス＝キリストが、それぞれ体に乗り移り、お告げを下すことができた。これは上帝会の組織の拡大につながる一方で、東王・西王の太平天国内の立ち位置を高め、のちに天京内訌《ないこう》（六一頁参照）を生むことになる。

軍規、官制や暦法などを整え、天王洪秀全のもとに東王楊秀清《ようしゅうせい》・西王蕭朝貴《しょうちょうき》・南王馮雲山《ふううんざん》・北王韋昌輝《いしょうき》・翼王《よくおう》石達開の五王を配する指導体制をつくった。実際は王とは名のみ、身にはぼろをまとい、兵士とともに裸足で行軍したし、指導部と兵・民とは実質上一体であった。

太平軍は、一八五二(咸豊二)年四月清軍の囲みを破って永安を脱出、桂林に向かったが、攻略することができず、転じて六月全州を攻略、その勢いに乗って湖南省の道州にはいる。太平軍は流賊のように転々としながらその勢力を拡大した。軍団の進撃する道では二万におよぶ天地会など湖南の秘密結社▲のメンバーが先導し、食糧や人馬の補給にあたった。八月郴州《ちんしゅう》を落とし、安仁・醴陵《れいりょう》を突破して九月湖南の省都長沙に迫った。一〇万の兵力で省城を二カ月包囲するも落とせず、急きょ転じて益陽を攻略、洞庭湖をわたり、十二月戦わずして岳州を占領した。この転戦で太平軍は数千隻の民船と水夫、銃砲、弾薬類を獲得し、戦闘力は大幅に増強された。軍団は岳州から長江にはいり北上、湖北省の漢陽・漢口を占拠、翌五三(咸豊三)年一月省都武昌を陥落させた。このとき太平軍は五〇万に膨れあがっていた。

統計)を占め、多くは辺境地帯に居住、壮族(一六一七万人)、回族(九八一万人)、苗族(八九四万人)、侗族(二九六万人)、瑶族(二六三万人)などがいる。

▼**回民**　甘粛・陝西・雲南などに居住するイスラム教徒(ムスリムともいう)。

▼**「反清復明」「替天行道」「官逼民変」「劫富済貧」**　民衆反乱のスローガン。それは「清朝(満州族)を打倒して明朝(漢族)を復活させる」「天に替わって道を行なう」「官が圧制を加えるので民が反攻する」「富者の財貨を奪って貧者を救う」という意味である。

▼**天地会**　三合会ともいう。清初に明の遺臣によって「反清復明」を旗印に組織され、その後十八世紀半ば以降、華中・華南を中心に急速に発展した秘密結社。天地会とは、「天と地を拝して父母となす」に由来し、三合会とは、「三和合水(広東の西江・

一八五三（咸豊三）年二月太平軍は、武昌から長江ぞいを水陸両路に分かれて東へ下り、江西省の九江《きゅうこう》▲、安徽省の安慶・蕪湖《ぶこ》を破り、三月ついに副都南京を占領した。洪秀全はここを天京とあらため、太平天国の首都とし、両江総督衙門に天王府を置いて新政権を樹立した。挙兵からわずか二年余りである。その軍団は一〇〇万（一説では二〇〇万）に成長していた。それから一〇年近く華南一帯を占領して、清朝と対峙した。

服喪と団練

一八五二（咸豊二）年八月初め、江西郷試の正考官を命じられた曾国藩は、江西省都南昌に向かって北京をたった。彼には待ち望んでいた任務であった。というのは、実入《みい》りの少ない京官（侍郎の年収一〇〇〇両）であり、蓄財や美田を残すことを嫌う清廉さゆえに、当時一〇〇〇両の借財をかかえており、正考官となれば数千両をえられたこと、またこの一〇年余り故郷に帰っておらず、祖父の墓参りと老いた母に会うことを願っていたことなどによる。

ところがその任務の途上にあった九月、安徽省太湖で母が死去したとの知ら

北江・東江の三江が珠江で合流して海に流れる」と「天の時、地の利、人の和」に由来する。

▼聖庫制　軍規を厳正にし、供給を保証するために、不動産・金銀・食糧・物品などの私有財産や戦利品などを国庫（聖庫）に供出させて公有化し、必要に応じて一衣一食にいたるまで国庫から支給し、その公有財産全体を管理する制度である。

▼湖南の秘密結社　十九世紀中葉の湖南には、天地会・哥老会をはじめ紅銭会・添弟会《てんていかい》・串子会《せんしかい》・香会・忠義堂・白蓮教・青蓮教・紅蓮教・黒簿教《こくほきょう》などの秘密結社が多数存在した。いずれも数百人から千人ほどの集団で、農村山間部を中心に活動した。湖南は、性格を異にする、華南の天地会系と華北の白蓮教系の結社が混在し、秘密結社の坩堝《るつぼ》で、太平天国の呼び水となっていた。

▼九江　長江に面する江西省の門

●―太平天国の五王

楊秀清（1820頃～56）	東王	広西省桂平の人。客家で貧農の生まれ。炭焼きや運輸労働に従事。字は読めなかったが，組織力に優れていた。彼の神がかり的言動が太平天国を動かしたともいわれる。1856年天京内訌で殺害される。
蕭朝貴（1820頃～52）	西王	広西省武宣《ぶせん》（一説に桂平）の人。壮族で貧農の生まれ。山地の耕作、山林伐採や炭焼きなどに従事。その過程で楊秀清と知り合う。神がかりのお告げを通して，上帝会の拡大に貢献する。勇敢・剛毅な闘士で，1852年長沙省城の包囲戦で戦死する。
馮雲山（1815頃～52）	南王	広東省花県の人。客家出身。中農の家の生まれ。洪秀全とは村塾の学友。村塾の教師をしながら，科挙に挑むも失敗。洪秀全から『勧世良言』を勧められ，共鳴し，上帝会にはいる。秀全とともに布教につとめ信徒を増大させた。1852年全州で，楚勇江忠源と激戦，砲弾を受けて戦病死する。
韋昌輝（1823頃～56）	北王	広西省桂平の人。百畝余りを有する地主。父が客籍の抑圧を免れるために監生（国子監の学生，官員に準ずる特典をもつ）の資格をえたが，資格詐称の冤罪《えんざい》で郷紳・地主から迫害を受けた。太平天国の挙兵準備を経済的に支える。南京入城後は東王楊秀清と対立，1856年天京内訌で楊一派を大虐殺し，その罪で処刑される。
石達開（1813頃～63）	翼王	広西省貴県の人。比較的裕福な小地主であったが，客家ゆえに土着地主より圧迫を受ける。軍事的才能に優れ，太平軍の主力部隊となる。天京内訌後は，洪秀全に疎まれ天京を離脱，浙江・江西・福建・湖南を転戦し，1863年四川の大渡河で渡江に失敗し，紫打地で清軍に捕らえられ処刑される。

●―流民

●―太平天国の官兵

上海

武昌

安慶

清軍の兵士（八旗・緑営）　清朝の正規軍には八旗と緑営がある。八旗は黄・白・紅・藍の四色に、各々縁取りのあるもの（鑲）とないもの（正）の合計八種の軍旗をもつことに由来する。満人・蒙古人・漢人で各々編成する八旗があり、計二四旗一八万の軍隊が、いわば清朝の旗本たる禁旅八旗として北京を防衛する。各省の要地にも八旗が各々三〇〇〇人ほど分駐、駐防八旗（満・蒙・漢の混成）といい、総計五万を擁した。緑営は緑旗ともいい、漢人で編成された。兵力は六〇万人で、民籍と区別された兵籍の家から採用され、代々兵役に服する職業兵からなる。主として各省の総督の管理下に置かれた。多数の場所に小さな兵力が屯所のような形で、極度に分散して配置されているので、軍隊というよりは警察に近い。

戸で、茶・陶器・米の移出でにぎわう商業都市。古来より難攻不落の要害の地であり、また名勝の地としても知られ、南方には雪景色で知られる香爐峰《こうろほう》などの峰々が連なる。一八七六年対外的に開港され、租界が設けられた。

▼丁憂守制　在任守制、素服辦事ともいう。父母の喪にあたり礼の制度を遵守すること。はじめは儒教の教える習俗であったが、のちに官吏の行為を規定する法制となった。父母の死にあえば、その子は三年(実際は二七カ月)のあいだ喪に服して謹慎し、特に官吏は当然その地位を去って蟄居《ちっきょ》しなければならなかった。それは兄弟・親族の喪の場合にも準用された。

▼団練　民団とも、郷勇ともいう。戦乱や社会不安に際して、郷村の地主・紳士層が郷里を防衛するために

せを受けた。中国の官僚は父母・兄弟らが亡くなると、官職を離れて喪に服する規定(丁憂守制《ていゆうしゅせい》)▲がある。そのため急きょ故郷の湖南に向けて出立、十月初め湘郷で喪に服した。ちょうどこのころ太平軍は、湖南省を転戦して省都長沙を攻撃していたが、落城させることができず、十一月末長沙をすてて北上し、十二月下旬にかけて岳州、漢陽、漢口を次々とおとしいれ、翌五三(咸豊三)年一月湖北省都武昌を包囲し占拠した。

清朝の正規軍(常備軍)の弱体ぶりはすでにアヘン戦争で証明ずみであったが、ここでもやはり太平軍の侵攻のまえに随処で惨敗を喫していた。特権的地位に甘んじてきた八旗は、腐敗と堕落と軍紀の弛緩によって戦闘力を低下させていたし、緑営もまた清初以来給与が変わらないということから、兵卒は内職や有事の略奪にはしり、士気を鼓舞する精神的基盤を失っていた。

太平軍の猛進撃に危機感をいだいた清朝は、一八五三(咸豊三)年一月初め、湘郷で服喪中の曽国藩にたいし、湖南省で団練▲を編成して匪乱を鎮圧するよう命じた。すでに各省在郷の顕官にたいしても同様の措置が命じられていた。

曽国藩は服喪を口実に逡巡したが、武昌陥落の知らせや門下生の郭嵩燾(李

鴻章と同年）や弟の曾国荃らの出馬要請を受けて、一月末省城長沙にはいり、職務に就いた。まず湖南各界に三通の布告を発令した。それは、湖南各知州・知県、長沙省城の紳士▲および湖南全省の紳士・父老《ふろう》▲にたいし、辞を低くし礼を尽くした、曾国藩の自筆による書簡であった。それは、郷村を逆匪（太平軍）から防衛するために団練を組織し、保甲《ほこう》制▲を強化し、土匪▲（匪賊）を告発して粛清するよう呼びかけ、そのために「銭を求めず死を恐れず」に、よろしくたのむ、という内容である。紳士・父老はおおいに感激し鼓舞されたという。

一方では血の粛清がおこなわれた。各地からあぶり出された匪賊が長沙省城に設けた審案局▲に護送されると、容赦なく処断した。三カ月で処刑されたものが一七〇人をこえた。その残忍さは周りの官紳も眉をひそめ、巷《ちまた》では曾国藩を「首切り人の曽」と呼んだ。

太平軍の二カ月におよぶ長沙包囲は、すでに前年（一八五二年）十一月末に解かれていた。当時の長沙城内には、湖南巡撫張亮基▲のもとに清軍はじめ、長沙攻防戦を戦った各地の団練が集結していた。曾国藩はそれらの団練を基盤として、新たな軍団、湘軍（湘勇）▲を編成することになる。

組織した武装自警団である。この組織は中国の郷村に古くからあるが、それが有事のおりに奨励されたのは、清朝中期の白蓮教徒の乱（一七九六〜一八〇四年）以降である。

▼紳士　郷紳・衿紳・士紳ともいう。旧中国の郷村における指導者のこと。郷里に住み、進士（挙人・生員などをふくむ場合もある）の資格を有し任官していないもの、退職した元官僚などを指す。

▼父老　郷村にあって高徳才識があり地域のまとめ役となる人。

▼保甲制　清代に治安を目的にして編成された郷村組織。一〇家を集めて一牌《はい》、一〇牌を集めて一甲、一〇甲を集めて一保とし、各々に牌頭、甲長、保長を置いた。保甲は連帯責任制をとった。江戸時代の五人組の制度に似ている。

▼土匪（匪賊）　匪とは為政者（官・

曽国藩が湘軍の編成にあたり、その構想に大きな影響を与えたのは、新寧の団練（楚軍《そぐん》）を率いる江忠源▲と湘郷の団練を率いる羅沢南、服喪で湘陰にいた進士郭嵩燾らである。江忠源からは太平軍との実戦経験をふまえた官軍と太平軍および秘密結社の実態、羅沢南からは儒学（宋学）で武装された書生軍団▲の団結力と戦闘力、郭嵩燾からは湖川で戦うための水軍の重要性を教えられた。

湘軍の特徴

曽国藩が団練を組織するなかで、最も重要な課題としたのは、太平軍に対抗できる強力な軍事力を創出することであった。彼の軍団は、従来の団練とは規模も行動範囲も内容も性質も異なっていた。

ここで湘軍の特徴をまとめてみよう。

（一）召募する兵卒は、都会人を排し、平生農耕に従事している山間・僻村の、若くて強健で純朴な農民から選び、厳しい訓練を施した。兵卒は寄せ集めではなく、近隣・親戚・縁者・雇人・小作人といった誼《よし》みを通じて集められ、なおかつ官庁や家族から身元保証をとった。

地主・郷紳ら）に反攻・抵抗するものの総称。当時の湖南の郷村を武断していた天地会などの秘密結社（会匪あるいは教匪）のメンバー、太平軍に合流あるいは支援した貧苦の民衆、官軍からの逃亡兵などを指す。

▼審案局　曽国藩が会匪・土匪を処断するために設けた私的な臨時裁判所。

▼張亮基（一八〇七～七一）　江蘇省銅山の人。挙人。雲貴総督林則徐に見出され、雲南の知府を歴任、その後雲南按察使から布政使、一八五〇年雲南巡撫へ昇進、五二年湖南巡撫、翌年湖広総督代理を兼務、五八年雲貴総督となり、もっぱら回民対策に従事した。

▼湘軍（湘勇）　曽国藩が編成した私的軍団。湘は湖南の別称、勇は志願兵、義勇兵、傭兵という意味である。

▼江忠源（一八一二～五四）　湖南

(二)将官は、職業軍人ではなく、曽国藩と友人・同族あるいは師弟の関係にある同郷の読書人をあてた。将官もまた同様に信頼できる知己を下士官に選び、下士官もまた自分のよく知る兵卒を選んだ。将と兵はあたかも子弟が父兄に仕えるがごとくであった。
(三)将官が事故あればその部隊全体を解散し、新将官が一から編成し直すという、「将去れば兵散ず」の原則を厳密に実行した。
(四)給与はピンハネ・遅配をなくし、厚遇した。兵卒の給与▲は緑営の騎兵の二倍、守兵の四倍に相当した。いうまでもなく将官の場合も緑営の二〜四倍以上であった。
(五)湖や川の多い長江流域の軍事作戦、補給路の迅速な確保の観点から、水軍(水師)を創設した。
(六)軍団を運営する資金は現地調達とされ、その財源は地主・郷紳層からの寄付(その実態は捐納《えんのう》▲)と新たに創設された釐金《りきん》▲で賄われた。
(七)軍費・編成・作戦・給与・人事などは、法規・会計規則・慣習・前例に拘束されることなく、曽国藩および将校・幕僚らの自由裁量でおこなわれた。つ

省新寧の人。挙人。新寧は漢族と瑶族の雑居する省境で民情不安の地、団練を組織し郷村を防衛する。太平軍と広西の永州・桂林・全州で戦い、湖南巡撫張亮基の招きで長沙の防衛にあたり、その後巡撫の転任とともに武昌、南昌へ。輝かしい戦功で各地の知県をふりだしに、湖北按察使、安徽巡撫へと進む。一八五四年廬州で自尽する。いささか武功に驕《おご》るところがあったが、曽国藩は「義侠の士」と激賞した。曽とは四四年北京で郭嵩燾から紹介されて以来の親友である。

▼書生　地主の子弟で科挙をめざして勉強している人たちの総称。

▼兵卒の給与　兵卒の月給は、陸勇は四両二銭、水勇は三両六銭であった。当時日雇い農業労働者の年収入が五両足らず、年二五両程度の収入で家族三〜四人が楽に暮らせた。ちなみに営官(大隊長)は年額一八〇〇両で緑営の同等官の二倍であった。

まり湘軍は清朝正規軍の統率を受けることなく、すべての面で独立的に行動できた。

以上を貫くものは、第一は湘軍の徹底した私兵化である。曽国藩を総帥として、▲営数個を統括する統領(連隊長)のもとに、営官(大隊長)―哨官《しょうかん》(中隊長)―什長《じゅうちょう》(分隊長)―勇丁《ゆうてい》(兵卒)とつながる上下関係は、地縁(同郷)・血縁(同族)・科挙(門生・同年)あるいは私恩・義理のきずな、つまり機構としてではなく人間のきずな(私的主従関係)で強く結ばれていた。私兵軍団化を意識的に推し進めることで、軍の統制と団結力を強め、将兵の離反を防止しえたのである。

第二は、儒教の人倫や道徳を重視したことである。異教を奉ずる太平天国が数千年来続く中国の礼教世界の破壊者であると指弾し、伝統的な儒教イデオロギーにもとづく社会秩序の回復と堅持を前面に打ち出した。将官には儒学のエリートである読書人を選び、師弟としての礼を求めた。彼らは軍の司令官であると同時に、兵卒にたいする道徳上の指導教官でもあった。

▼**捐納**　金銭を納めて官職ないし一定の官人の身分または科挙の一定段階の資格を買うこと。捐官ともいう。まずは生員の資格を買うのが通例で、彼らは監生と呼ばれた。候補官や実職は京官(中央官)では郎中まで、外官(地方官)では道員まで買うことができる。

▼**釐金**　内地通過税のこと。はじめは太平天国の乱の戦費を補うために一八五三年に設けられた。しかし財政難のため一九二八年まで継続された。商業要路に釐卡《りぞう》(税関)が設けられ、通過する商品の価格から五パーセント前後を徴収した。

▼**営**　軍隊の単位。一営(大隊)は四哨と親兵六隊からなり、一哨(中隊)は八隊からなり、一隊(分隊)は一〇～一四人の勇丁(兵卒)からなる。一営の総計は五〇五人である。

水軍の編成——武昌・九江・南昌

太平天国は首都を定めたが、領土が形成されたわけではない。その戦いはさらに続く。建都してまもない一八五三(咸豊三)年五月、太平軍は北伐と西征を開始した。

北伐軍は丞相《じょうそう》李開芳▲ら二万の軍団が揚州を出発、首都北京の攻略をめざした。一路安徽北部・河南東部をこえ、一八五三(咸豊三)年六月黄河をわたり、十月には北京から一〇〇キロ余りの天津に迫り、北京を震撼させた。しかし寒さと飢えで退却、淮北《わいほく》に結集していた捻軍の部隊と連携し、江北各地を転戦した。その後五五(咸豊五)年五月清軍の猛将僧格林沁《サンゴリンチン》▲の率いる騎兵一万余りに追撃され、山東省西北部の高唐・茌平《しへい》のあいだで殲滅された。

西征軍は翼王石達開・豫王《よおう》胡以晃《こいこう》▲らが、長江中流域の確保をめざし、千余隻の軍船を率いて天京から出撃した。一八五三(咸豊三)年六月安慶、七月南昌、九月九江を次々と占領、十月漢陽・漢口を奪取したが、安慶を防衛するために安徽の北部に転進、十一月桐城・舒城《じょじょう》に進攻、ついで翌五四(咸豊四)年一月に廬州を占拠した。この攻防戦で曽国藩は親友で安徽巡撫江忠源を失った。太平

▼**李開芳**(一八二五頃〜五五) 広西省潯州《じんしゅう》(桂平)の人。前期太平軍の先鋒を務めた勇将。一八五五年北伐戦闘中、捕縛・処刑された。太平天国はのちに請王《せいおう》の称号を追封。

▼**僧格林沁**(?〜一八六五) 内蒙古ホルチン旗人。道光帝の妹の嗣子となって御前勤務となり、帝の深い恩顧を受けた。太平軍、アロー戦争、捻軍などにおいて騎兵軍団を統率して戦った勇猛果敢な将軍。一八六五年捻軍討伐中に戦死。

軍は二月、三たび漢陽・漢口を攻略、ついで湖北の省城武昌を包囲・占拠した。三月湖南に向けて進攻し、湘江ぞいの岳州・湘陰・靖港などを相次いで支配下においた。

　太平軍がふたたび湖南省都長沙に迫り緊迫度が高まるなか、曽国藩は省中部の衡州《こうしゅう》に駐留し、湘軍の編成に奔走していた。そんな曽国藩のもとに、北京の清朝政府から湖北および安徽への軍事支援を促す命令がしきりに届いた。しかし曽国藩は動かなかった。というよりは動けなかったのである。とりわけ長江はじめ河川・湖沼が多いこの地域では、水上における戦闘、軍糧・武器・弾薬を迅速に運ぶ補給路の確保において、水軍の編成および戦船の建造が急務だったからである。曽国藩は自ら造船技術を学び、図面を引き、技術者・船大工を集め、衡州・湘潭・長沙に造船所を設けて戦船の量産と兵卒の召募を急いだ。

　水軍の完成を待って曽国藩は、ようやく重い腰をあげた。一八五四(咸豊四)年二月、曽国藩指揮のもと水陸両軍からなる一万七〇〇〇余りの湘軍が衡州から出動した。その陣容は、陸軍一三営六〇〇〇余人、水軍十営五〇〇〇余人、新造戦船二四〇余隻、大砲五〇〇尊《そん》▲を配した新造戦船二四〇余隻、民船を改造

▼胡以晃(?〜一八五六)　広西省平南の人。江西から移住した客家。地主で武秀才。江湖の人士との交友を結び、任侠心に富む。家産を傾けて上帝会を支援する。廬州で江忠源の部隊を殲滅して占領、その功で豫王に封ぜられる。天京内訌後は石達開に従い、一八五六年江西で病死。

▼尊　大砲を数える数詞。門と同じ。

した戦船数十隻、民船（輜重船《しちょうせん》）▲一〇〇余隻、水夫や技術者など補助要員数千人から構成された。当時の中国最大の団練であり、私兵軍団であった。

出陣するにあたり、曽国藩は「粤匪を討つ」檄文《げきぶん》▲を発し、戦いの目的を地主・郷紳層に向けて次のように訴えた。

〔太平天国の悪逆非道な暴虐によって〕中国数千年来の礼儀・人倫・詩書・典籍が、一朝にして地上から一掃されてしまうであろう。これはわが大清の危機のみならず中国開闢《かいびゃく》以来の名教の一大危機である。わが孔子・孟子もあの世で声をあげて泣いておられるであろう。およそ書を読み字を識《し》るもの〔読書人〕が手をこまねいて傍観したまま、無為に過ごすことがどうして許されるだろうか。……罪なくして殺された百万の生霊のためにすすんで仇《あだ》を討とう。

この檄文で語る曽国藩の思いは、清朝権力の擁護というよりも、中国の伝統的な儒教倫理やそれにもとづく社会秩序の危機や崩壊を阻止し、なによりも愛する郷土を異教徒から防衛することであった。

湘軍がめざすは、まずは太平軍の占領下にある省都武昌である。衡州を出た

▼**輜重船**　前線に補給する軍需品を積んだ船。

▼**檄文**　人々を奮いたたせ決起を促す文書（布告文・ふれぶみ）。

曽国藩の水陸の軍団は湘江を下った。一八五四(咸豊四)年四月のあいだ、岳州で、ついで靖港《せいこう》で、太平軍の奇襲作戦、水かさの増した湘江、洞庭湖の強風と大波などによって、水軍も陸軍も壊滅的な打撃を受けて、大敗した。このとき曽国藩は緒戦における大惨敗と敵襲に逃げまどう兵卒に憤激し、投身自殺(未遂)を図った、という。長沙城内に逃げ帰った敗残の将曽国藩は、嘲笑《ちょうしょう》、侮蔑や弾劾要求の声が渦巻くなか、意を決して湘軍の再編成に着手した。それは、一八〇隻におよぶ戦船の新造と改修および洋式銃砲の補充、勇兵の召募と軍事訓練の強化、士気を高めるための戦功褒賞金《ほうしょうきん》制度と軍法の強化▲であった。

　再編された二万におよぶ湘軍は、一八五四(咸豊四)年七月太平軍から岳州を奪い、十月長江中流の要衝武漢三鎮《さんちん》▲を激戦のすえ回復することができた。新装なった水軍と新式大砲によるこの大勝利は、湘軍の名を天下に知らしめることになる。この吉報に咸豊帝は歓喜し、無位無官の前礼部侍郎曽国藩を湖北巡撫代理(署理)に任じた。しかし皇帝は側近から、曽国藩の権勢の強大化を危惧する耳打ちを受け、先の任命を撤回し、すぐさま肩書き(銜)だけの兵部侍郎に変更した。このことは当時の中央官界にあって、数万の私兵軍団を擁する漢人曽

▼戦功褒賞金制度と軍法の強化　敵兵を捕縛・殺害したものに、人数に応じた銀両と位階・官職を与える一方で、戦闘からの離脱・退却、軍功の偽申告などにたいし死をもって処した。

▼武漢三鎮　漢陽・漢口・武昌の総称。長江に北から注ぐ漢水で区分され、ともに古来より戦略上の要地であった。武昌は湖北省の都で、行政の中心地。漢口は内陸最大の内河港をもち、南北の物産が集積する商業都市。一八六一年対外的に開港され、租界が設けられた。漢陽は湖広総督張之洞によって製鉄所・兵器工場などが設立された工業都市。

●長江流域図

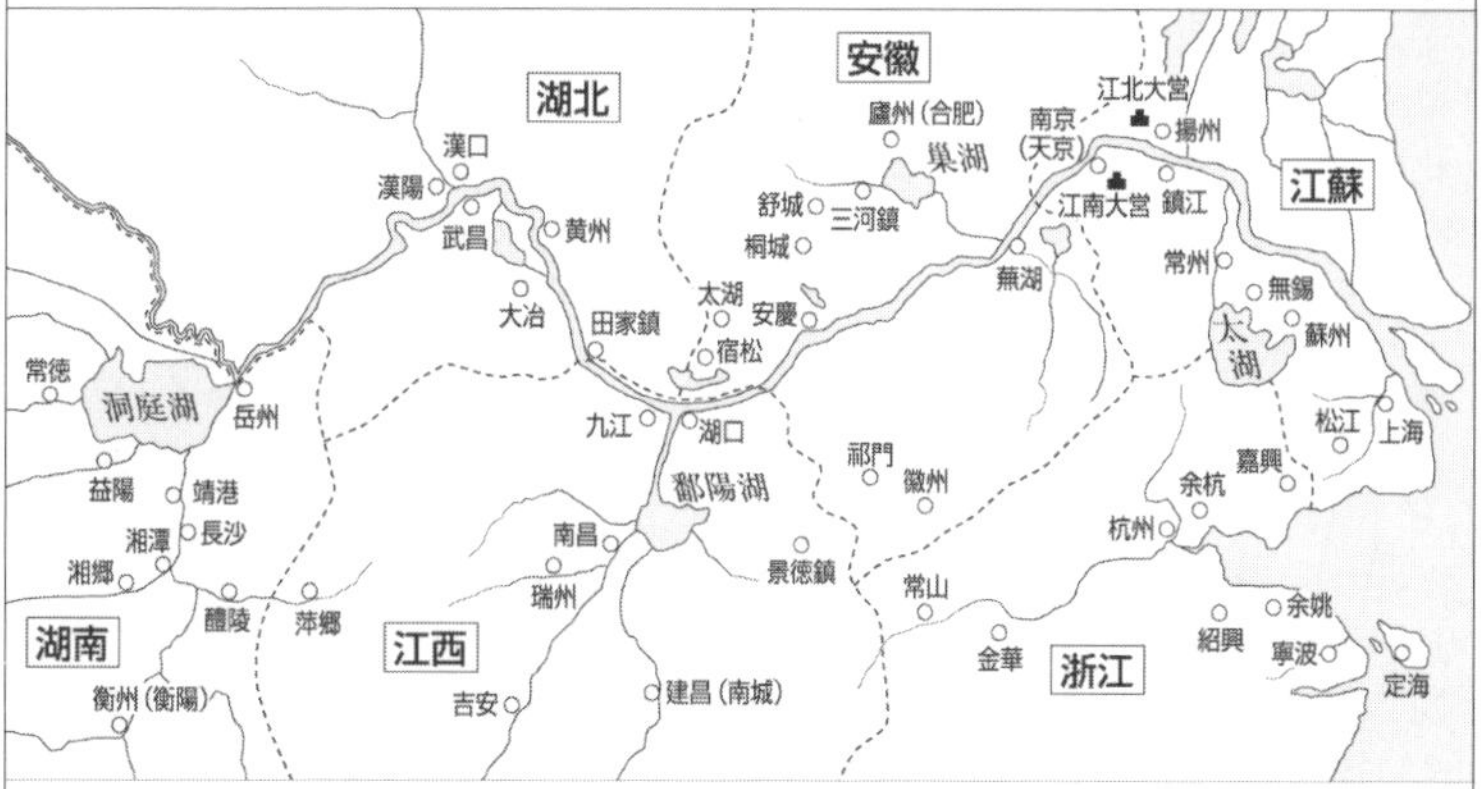

〔出典〕郭沫若主編『中国史稿地図集』下編（地図出版社，1990 年）の〈清代農民抗租与工匠齐行（罷工）形勢〉113 ～ 114 頁の地図をもとに作成。

●武漢三鎮

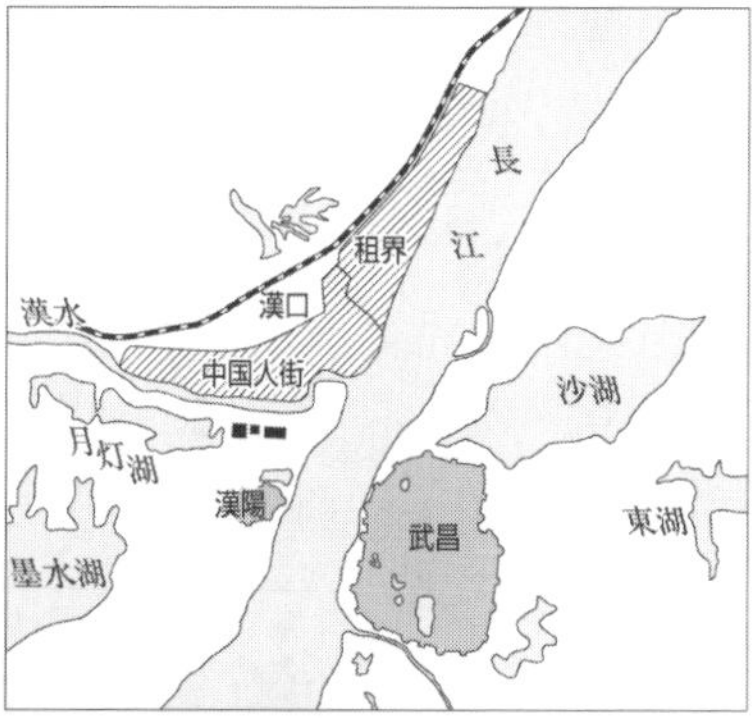

〔出典〕張海鵬編著『中国近代史稿地図集』地図出版社，1984 年）の〈陽夏戦争　1911 年〉110 頁をもとに作成。

●湘軍の兵士

▼田家鎮　天然の要害で、古来より武昌あるいは九江を制するには、山壁のそそり立つ長江の険、田家鎮を先に制することが重要だといわれた。太平軍は故事に倣い、ここに鉄の鎖を沈めて水軍の行く手を阻んだ。

国藩の存在がいかに大きな衝撃を与えていたかを物語る。

次にめざすは戦略上大きな位置を占める九江の奪回である。曽国藩の湘軍は一八五四(咸豊四)年十一月、湖北省都武昌から三路並走(水軍が長江、陸軍が右岸と左岸)で東に向かった。まず十二月難攻不落の要害田家鎮《でんかちん》▲を激しい戦闘のすえに攻略、九江城下に迫ったが、落とせなかった。翌五五(咸豊五)年一月、九江をやり過ごし、下流の湖口を三度にわたり攻撃した。しかし太平軍の陽動作戦と奇襲によって、湘軍の水軍が長江と鄱陽湖《はようこ》に分断されて大敗し、曽国藩は命からがら江西省都南昌に逃げ帰ることになった。このときも曽国藩は、屈辱と逃亡する自軍に憤激し、敵陣に切り込んで自刃しようとしたが、押しとどめられた、という。二度目の自殺未遂である。

一方湖口で勝利した太平軍はふたたび攻勢に転じ、湖北に進攻し、一八五五(咸豊五)年四月、三たび武昌を占領、さらに七月江西に進み、翌五六(咸豊六)年五月までに江西の八府五〇余県を掌中におさめた。南昌に駐留する曽国藩は完全に太平軍に包囲され、「救援を求めるも応えるものなく、魂も消え入るばかり」と嘆息、孤立と焦燥と恐怖とにうちひしがれ、絶望の淵にたたされた。

この間にそれに追い打ちをかけるように、曽国藩の湘軍を支えた片腕ともいうべき指導者が、相次いで亡くなる悲劇にも見舞われた。一八五五年八月には湘軍の先鋒をいつも務めた満人塔斉布《タチブ》▲が九江城下で病死、五六年四月には学者肌の羅沢南が武昌城外で戦闘中、砲弾の傷がもとで死亡した。

▼**塔斉布**（一八一七〜五五）　満州鑲黄旗人。一八五一年湖南の緑営の軍務に就いてから曽国藩に見出され、満人の軍官ながらその幕下にはいる。中軍参将・副将・総兵、湖南提督を歴任する。湘軍の草創期を支えた猛将。

天京内訌と新指導体制

太平天国に有利な展開を後退させる出来事がおこった。それは一八五六（咸豊六）年九月〜十一月のあいだに、天京内で東王楊秀清と北王韋昌輝が血で血を洗う凄惨な抗争をおこない、両王がともに殺害された事件である。この事件は天京内訌（楊韋内訌）と呼ばれる。それは、両王が神がかりを演じることで、宗教上のみならず、組織力・軍事力において、天王洪秀全をはるかにしのぐ存在となったことからおこった指導部内の権力闘争である。

すでに南王馮雲山も西王蕭朝貴も丞相李開芳らも亡くなっていた。初期の指導者で残るは、天王洪秀全と翼王石達開のみとなったが、その石達開も天王に疎んじられて一八五七（咸豊七）年六月天京を去り、各地を転戦して流賊化していった。

　窮地に追い込まれ南昌に閉じ込められていた曽国藩は、九江奪回をめざし反転攻勢の機会を待っていた。暗雲が開けてきた。天京内訌で動揺した太平軍が各地で後退するなか、湘軍の猛将李続賓《りぞくひん》▲率いる湘軍が一八五六（咸豊六）年十二月、太平軍下の武昌一帯を奪回、長江を下り翌年一月九江にはいると、各地の湘軍も急行し、総力をあげて九江の包囲網をつくりあげた。そのさなか曽国藩は父麟書の訃報に接し、服喪のため三カ月の休暇をえて故郷湘郷に帰ることになった。五七（咸豊七）年三月のことである。

　しかし曽国藩が前線にもどったのは、一年四カ月後の一八五八（咸豊八）年七月である。復帰が一年以上おくれた背景には、丁憂守制通りの服喪をまっとうしたいという口実と、官としての権限がないまま指揮をとることへの不満があったことによる。その間曽国藩は湘軍の指揮を将官に任せ、郷里で観望を決め込んでいたが、戦局は有利に展開していった。

　一八五八（咸豊八）四月、清軍は軍事拠点江南大営（天京城外）を再建し、江北大営（長江北岸揚州城外）と連携して天京包囲作戦を開始した。五月には湘軍が、

▼李続賓（一八一八〜五八）　湖南省湘郷の人。羅沢南の学塾で宋学を学び、彼の指揮下で曽国藩の湘軍の一翼を担い、勇猛果敢な将官として南昌・武昌・九江の攻防戦で活躍した。

▼吉安　江西省中部の商業・経済および文化の中心地で、地勢的にも要害の地であった。

▼陳玉成（一八三七〜六二）　広西省藤県《とうけん》の人。李秀成と幼なじみ。一四歳で太平軍に参加。その勇猛さから、清軍からは「四眼狗《スーイエンゴウ》（四つ目の犬）」（両目の下に黒子《ほくろ》があったことによる）と呼ばれ、恐れられた。天京内訌後に李秀成とともに新指導部となるが、連携していた捻軍《ねんぐん》の苗沛霖《びょうはいりん》の裏切りで清軍に捕殺された。

▼李秀成（一八二三〜六四）　広西省藤県の人。貧しい雇農の生まれ。伯父に書を学び、貧窮のなか私塾や耕作の手伝いをして糊口をしのぐ。太平天国の初期は兵卒に過ぎなかっ

一年半以上にわたって包囲した九江城を制圧した、文字通り太平軍の一兵も残さぬ完膚なき殲滅であった。八月湘軍の総帥曽国藩は、長沙から九江にはいり、将兵を慰労し、勝利の美酒に酔っていた。さらに九月には、湘軍の拠点南昌を背後からおびやかしていた吉安▲が、弟曽国荃によって二年半ぶりに太平軍の支配から解放された。曽国藩が次にめざすは安慶である。

　一方弱体化した太平天国を蘇らせたのは、血気あふれる若い新指導部の英王陳玉成▲、忠王李秀成▲である。その参謀となったのが干王洪仁玕▲であった。彼らは天京の囲みを解くため長江上流への西征と下流への東征をおこない、活路を開こうとした。

　西征軍率いる陳・李の太平軍は、一八五八(咸豊八)年九月清軍の前線基地江北大営を突破し、支配下にある安慶の防衛をめざした。その途上安慶の奪回をねらい、湖北から進攻する湘軍の部隊と、十一月舒城の近郊三河鎮《さんかちん》▲で激突し、湘軍の中核精鋭部隊六〇〇〇を殲滅した。この大敗北で曽国藩は、弟の曽国華と故羅沢南の愛弟子李続賓を失い、その知らせに驚愕と悲嘆のあまり食事ものどを通らなかった、という。

たが、軍功で昇進。天京内訌後は指導的立場にたち、太平天国後期の名将となる。天京陥落後は洪秀全の子を擁して脱出を図るも、湘軍に捕らえられ処刑された。

▼洪仁玕(一八二二〜六四)　広東省花県の人。天王洪秀全の族弟で、村塾の教師をし、上帝教の創始にかかわる。上海・香港で宣教師を通じて洋学を学び、一八五九年に天京にはいり、洪秀全の政策面を担当し、後期太平天国の指導者となる。著作『資政新篇』(一八六〇年公刊)で、欧米をモデルとした改革案を示した。南京陥落後処刑される。

▼三河鎮　廬州から四五キロ、巣《そう》

湖《こ》の西岸にある。太平軍が城壁とトーチカをつくり、廬州と天京の補給基地とした。

▼蘇州　太湖の東にある江南デルタの要地で、当時絹織物・綿織物の生産では中国最大の工業・商業都市であり、文化の中心地であり、江蘇巡撫の衙門(役所)が置かれた。忠王李秀成はここを首府に周囲二〇余りの州県を統合して蘇福州を設けた。

▼洋槍隊　一八六〇年上海に太平軍が迫るなか、イギリス・フランス両国と上海の人士・買辦商人(外国商社の下請けをして中国内地での売買を代行する商人)らが、上海租界を防衛するために、アメリカ人船員ウォードを隊長として二百余人の外国人で編成した洋式小銃部隊。のちに常勝軍となる。

また天京を離れた太平軍の別動隊石達開軍は、安徽・江西・浙江・福建をへて、一八五九(咸豊九)年三月からは湖南・広西・湖北・貴州・四川・雲南などを流寇し、六三年五月四川で四川総督駱秉章の部隊に殲滅された。石達開に従っていった将兵は二〇万といわれる。

一八六〇(咸豊十)年にはいると、東征軍率いる李秀成らは、長江下流の経済の豊かなデルタ地域の確保をめざして進攻した。清軍の南京城外の要塞江南大営を突破し、五月江蘇の常州・無錫を、六月には中国最大の商業都市蘇州▲を占領、七月には松江《しょうこう》を落とした。さらに太平軍の勢いは浙江の嘉興《かこう》・余杭・杭州にもおよび、江南の大半を支配した。残るは今や大都会に変貌した租界上海である。それをはばんだのは、アロー戦争に勝利したイギリス・フランス両軍であり、外人部隊の洋槍隊▲、それに湘軍であった。

無位無官から両江総督へ

太平軍の江南デルタへの快進撃に驚いた清朝は、ついに無位無官の曽国藩に江蘇・安徽・江西を管轄する両江総督(在任一八六〇〜六八年)の職を授与した。

一八六〇(咸豊十)年六月に代理(署理)、八月には正式に任命し、あわせて兵部尚書(国防長官)の肩書き(銜)および欽差大臣として江南の軍務を統括させた。曽国藩は、実入りのよい長江デルタ地帯の行財政権・人事権と長江中下流域の軍事権を手にし、晴れて太平天国鎮圧の最高司令官として表舞台にたった。しかし清朝のねらいは、湘軍の総帥曽国藩を浙江・江蘇の戦場に送り込み、上海の防衛と中国最大の商業経済圏を太平天国から取り戻すことにあった。北京からはやつぎばやに江蘇・浙江への出撃を求める伝令が、彼のもとに届いた。

これにたいし曽国藩は安慶の奪回にこだわった。それは古来、江南の制圧にはまず長江上流を占拠してから下らなければ、成功しないといわれている戦略上の問題に由来していた。しかも安慶城を防衛せんとする太平軍との戦闘が迫るなか、安徽から大軍を動かせる状況にはなかった。

一八六〇(咸豊十)年七月、曽国藩は湘軍の司令部を安徽南部の紅茶の産地祁《き》門《もん》に置き、曽国荃ら各湘軍にたいし安慶を三方面から包囲させた。一方祁門の司令部は、江西・浙江の交界から進攻する李秀成らの太平軍におびやかされ、曽国藩は出撃して交戦を繰り返したが、六一(咸豊十一)年四月徽州で大敗北を喫した。そのとき曽国藩は遺書二〇〇〇余言を残し決死の覚悟で敵中に飛び込まんとして、側近に引きとめられたという。三度目の自殺未遂である。

曽国藩は前線の軍人として有能であったかどうかは疑問である。彼の指揮した戦いの多くは敗北し、彼は幾度も自殺を図った。このジンクスはその後の曽国藩をしてコーディネーターの役割に徹しさせることになる。湘軍を戦闘集団として実際に動かしたのは、曽国荃をはじめとする将器ある統領であり、むしろ曽国藩は幕府内(陣中)にあって計略をめぐらす「帷幄《いあく》▲の将帥《しょうすい》」であった。

太平軍は東征から西征に目標を移し、湖北の省都武昌の奪回をめざした。李秀成・陳玉成両軍は、武昌を南北双方から攻撃する予定であったが、両軍は合流できなかった。先に到達していた陳玉成はやむなく安慶城外に移動した。

安慶城はこの一年近く、曽国荃ら湘軍が三重の深い濠と高い砦をめぐらし、二万五〇〇〇をこえる軍団で取り囲んでいた。陳軍は安慶城内を死守する太平軍と呼応し、一八六一(咸豊十一)年四~九月のあいだ、湘軍と内外で激しい攻防戦を繰り広げた。しかし安慶城は一万五〇〇〇の太平軍将兵の死とともに、ついに曽国荃の手に落ちた。

▼**帷幄**　帷は垂れ幕、幄は引き幕のこと。陣営に幕をめぐらし、作戦計画をたてるところで、本陣・本営・幕府のこと。

湘軍の司令部は念願の安慶に移された。曽国藩は安慶奪回の功績によって太《たい》子少保《ししょうほ》▲を加官され、さらに江蘇・安徽・江西のほかに浙江の軍務の統括を命じられ、内閣を構成する協辦大学士に任じられた。しかしその翌日、曽国藩のよき理解者だった親友胡林翼が武昌で病死した。彼は湖北巡撫として武昌の防衛と安慶への軍事支援の立役者であった。

▼**太子少保**　特に功績のあった高官に特別の恩典として与えられる肩書。かつては太子の輔導を掌る官であった。太子少保と太子太保《たいほ》があるが、前者は正二品で各省の総督・六部の侍郎と同格、後者は従一品で六部の尚書と同格。

上海の防衛と天京の陥落

武昌および安慶に合流できなかった李秀成の太平軍は、江西から浙江にはいり、一八六一(咸豊十一)年十二月末までに浙江西部の常山・金華から省都杭州、東部の紹興・余姚《よよう》・寧波を占領し、浙江の大半を手中におさめた。さらに杭州および李の本拠地蘇州から六二(同治元)年一月、上海めざしてふたたび進軍を開始した。

一八六二(同治元)年の軍事情勢は逆転し、太平天国の置かれた状況は劣勢となった。安慶に本営を置く曽国藩は、天京を包囲すべく、二月、幕僚左宗棠の楚軍四〇〇〇を浙江省都杭州方面に配置、三月、弟国荃の率いる湘軍一万余りを天京城下に配備した。四月、幕僚李鴻章（十二月曽の推挙で江蘇巡撫となる）の新軍団淮軍三〇〇〇人を、湘軍三五〇〇人とともに安慶から英国船七隻で上海に向かわせた。それは曽国藩が上海の紳士グループから求められていた、上海防衛の援軍要請「安慶乞師《あんけいきつし》」に応えたものであった。

太平軍との上海をめぐる攻防戦および太平軍の支配下にある蘇州・無錫・常州など江蘇の制圧（一八六二年七月〜六四年五月）は、李鴻章の淮軍とアメリカ人ウォード・イギリス人ゴードンの率いる常勝軍の共同作戦による成果であった。また杭州・寧波・余杭など浙江方面の奪回（一八六二年五月〜六四年三月）には、左宗棠の楚軍とフランス人デギュベル麾下《きか》の常捷軍《じょうしょうぐん》の連携が大きな役割を果たした。

残るは天京（南京）のみである。天京を包囲する湘軍の統領曽国荃は、一八六二（同治元）年五月天京城下に駐留して以来、一年半以上たっても落とせず、焦燥感に苛まれていた。曽国藩は、弟に天京奪回の栄誉を担わせたいという思いと、清朝からのたび重なる奪回の督促とのあいだにあって、李鴻章に天京攻略の援軍を求めた。李鴻章は官としての縄張りを守ることと、師である曽国藩の

▼「安慶乞師」　太平軍の攻撃にさらされていた上海には、蘇州から馮桂芬ら紳士グループが多く逃れていた。彼らが、一八六一年安慶の幕府にいる曽国藩にたいし、上海の官紳の総意として、援軍を派遣して上海の危機を救ってほしいと懇願したことをこのようにいう。

▼常勝軍　ウォードは一八六一年、洋槍隊を新たに中国人兵士を加えた五〇〇〇人規模の中外混成傭兵部隊に改編し、六二年太平軍による再度の上海攻撃を阻止した。その際常勝軍と改名した。ウォードの戦死後イギリスの軍人ゴードンが指揮し、淮軍とともに江南回復に大きな役割を果たした。六四年天京陥落前夜に解散し、その兵員・武器は淮軍に引き継がれた。

▼デギュベル（一八三一〜七五）　フランスの軍人。一八六二年船員として来華し、同年フランス軍が寧波で編成した常捷軍（花頭勇）に中尉と

左宗棠（一八一二〜八五）　湖南省湘陰の人。塾教師を父にもつ農家に生まれ、科挙に励むも、挙人で断念する。両江総督陶澍の賓客となり、彼の娘婿胡林翼の知遇をえて、その推挙で一八五二年湖南巡撫張亮基の幕下にはいる。ついで五三年張の後任駱秉章の幕僚として、太平軍との戦いで活躍。六〇年曽国藩の幕下にはいり、五〇〇〇からなる楚軍を組織して戦い、浙江の回復に努め、浙江巡撫、六三年五月閩浙総督となる。太平天国鎮定後は六六年陝甘総督となり、捻軍・回民の反乱の鎮圧にあたる。その後軍機大臣・総理衙門大臣・両江総督などを歴任、清仏戦争では自ら福州で指揮したが、講和後に病死。自ら諸葛孔明と称し、絶世の奇人ともいわれた。頑固で豪放磊落《らいらく》、歯に衣着せぬ性格から周囲との摩擦も多かった。しかし一方では曽国藩・李鴻章とともに中国の近代化を推進し、福州船政局をはじめ、蘭州に毛織物工場や兵器工場などを建設した。

ウォード（一八三一〜六二）　アメリカのマサチューセッツ州の生まれ。世界各地をめぐり冒険的生活を送る。一八五七年中国で船乗り・軍人を経験し、上海商人楊坊に見出され、六〇年外国人傭兵部隊からなる洋槍隊を組織し、太平軍の上海侵攻を阻止した。その後中外混成部隊とし常勝軍とあらためた。六二年九月浙江の慈谿《じけい》で戦闘中に負傷し亡くなる。

ゴードン（一八三三〜八五）　イギリスのロンドン生まれの職業軍人。クリミア戦争、アロー戦争に従軍。ウォードの死後一八六三年、常勝軍の指揮官となる。李鴻章の淮軍と共同で太平軍を鎮圧した。六五年帰国したのち、エジプト、スーダン、南アフリカ、コンゴなどで総督・司令官などを歴任、一八八五年スーダンで戦死する。

淮軍の兵士

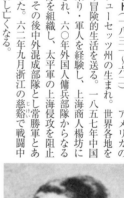

弟にたいする情をくみ、軍派遣の引き延ばしをはかっていた。そうした間に六四(同治三)年七月、天京は曽国荃軍の兵糧攻めの効あって陥落した。すでに天王洪秀全は城内で病死していた。ここに金田村の蜂起から一四年にわたり、一七省を席巻し、キリスト教による楽園をめざした太平天国は、その歴史に幕を閉じた。

まもなくして総帥曽国藩は、司令部の安慶から汽船で南京にはいった。ときに五四歳。満州王朝を滅亡から救ったその功績で、太子太保・一等侯爵に叙せられ、最高の栄誉に輝いた。同時に曽国荃にも太子少保・一等伯爵が、李鴻章・左宗棠にも一等伯爵が与えられた。

湘軍の解散

湘軍は、はじめは農山村の質実剛健な農民を厳選して編成され、将兵間は私的な主従関係によって一体化され、規律ある行動がとれたことで、戦果をあげてきた。しかし地域的な支配秩序を維持する段階から、清軍の主力支援部隊として地域をこえて他省へ永続的に進軍していくなかで、しだいに変質を余儀な

して配属され、ブルトン司令らの戦死のあとを受けて、司令官となる。解散後は左宗棠のブレーンとして、福州船政局、馬尾《ばび》造船所の創建、新式銃砲の導入などにかかわった。

▼常捷軍　常勝軍に倣い一八六二年、仏駐寧波海軍司令ブルトンらが寧波で訓練・編成した、二五〇〇人規模の中仏混成傭兵部隊。翌年将校デギュベルが指揮を引き継ぎ、左宗棠の楚軍と共同して浙江から太平軍の駆逐をはかり、六四年に解散する。のちの左宗棠とフランスの関係はここからはじまる。

▼両淮　淮水をはさむ南北の地域を指す。安徽省北部にあたる。

くされた。一八六〇(咸豊十)年両江総督として清軍の軍務を統括し、太平軍のほかに、両淮《りょうわい》の捻軍をも牽制しなければならなくなると、将兵の新陳代謝もあわせて増募が一段と急務となった。こうした状況のなか湖南だけで、しかも従来の基準で兵卒を選抜することには限界があった。曽国藩が李鴻章に淮軍の編成を命じたのは、湘軍の召募に限界がきていたことを示している。

当時の湖南には、民衆反乱の素地となる貧苦の民や流民・遊民があふれ、その多くが流れて天地会や哥老会などの会匪となった。湘軍の増募はその基準を下げることで、彼らのような「無業者」「無根者」の入隊を加速した。それによって将兵間の私的結合のきずなは希薄化し、軍全体の規律も弛緩し、統率に従わず、公然と独自の行動をとる軍営もあらわれた。

曽国藩は、今や湘軍は草創期の「朝気(活力)」を失い「暮気(無気力)」に染まり、素質の低下は免れない、と認識した。一八六四(同治三)年南京入城とともに、彼は手塩にかけて育てあげてきた十二万におよぶ湘軍を縮小し、解体する決断をした。湘軍解散の原因はほかにもあった。軍餉《ぐんしょう》の欠乏、給与の遅配・欠配、将官の中飽《ちゅうほう》によって士気や戦意が失われてきたこと、弟曽国荃とその将

▼従来の基準　都会や会匪の風に染まっていない、身元の確実な「深山・幽谷・寒苦・樸実・力作」の民を選抜するという基準。

▼哥老会　清代の道光年間(一八二一～五〇年)に四川の無産民衆の間に兄弟結義にもとづく相互扶助の組織として誕生した秘密結社。白蓮教や天地会の影響を受け、「反清復明」「打富済民」などを標榜し、多くは太平天国の北上のなかで太平軍に合流し、なかには湘軍などの兵卒となり、会党として大きく成長した。特に太平天国鎮定後の湘軍などの解散によって生まれた大量の失業兵士のなかに急速に浸透し、彼らを通して長江流域の諸都市や碼頭《まとう》(埠頭)に拠点を置き、華中・華南に拡大した。一八七〇～九〇年代にはキリスト教の内地布教にともない、排外的傾向を強め、日清戦争後には反清の革命運動に参加した。

▼中飽　中間搾取、ピンハネのこと。

兵による大量の財貨の略奪と私蔵への批判が増大したことである。

しかしなによりも官軍の戦闘力をこえる私兵軍団を擁し、最高の官位にある漢人曽国藩にとって、帝位をねらう野心ありとみられることを懸念した結果であったためといえる。かつて湖北巡撫代理の任命を取り消された裏には、朝廷内部で帝位簒奪の嫌疑をかけられていたこと、巷でも秘かに猜疑のまなざしが向けられていたこともあった。おりにふれ自ら爵位の返上を申し出たり、両江総督の就任を固辞したり、軍務の一部を返上したのも、そのあらわれであろう。それは、曽国藩の人生観・学問観として、「盈《み》つれば虧《か》くる」という天命にたいする畏敬の念が強くあったことに由来する。

これは一方では、一種の保身の術であるといえる。彼は湘軍の優秀な将校を自らの分身ともいうべき李鴻章の淮軍に委ねている。そして李鴻章にたいし淮軍を決して解散しないよう求めた。淮軍はいざというときの曽国藩の砦でもあった。

湘軍の兵卒の大半はわずか四カ月分、数十両ほどの涙金で解雇された。多くは帰るところのない下層の貧民であった。郷里の士紳をはじめ地方・中央の官僚、洋務派の官僚も、軍隊あがりの彼らを救済する道を講じなかった。解散兵は、結局「福あればともに享《う》け、苦あればともに受く」を信条とする哥老会などの秘密結社に、生存の道を求めた。彼らは、「軍往けば散り(逃げ去り)、平時は郷里《むら》に潜踪《せんそう》(身を隠)して民となる」といわれたように、郷村・郷民に守られながら、その後湖南・湖北および長江下流域における哥老会の拡大と反乱(特に反キリスト教の排外闘争)の主役となった。曽国藩が愛する郷里を会匪から守るために創設した湘軍が、ふたたび郷里を武断し体制をおびやかす会匪となった。皮肉な結果である。

民衆反乱の連鎖——天地会・少数民族・回民・捻軍

太平天国は孤立した存在ではなかった。太平軍の進攻に刺激され、それに呼応するかのように各地で民衆反乱の連鎖がおこり、ときには太平軍との共同闘争を展開した。また天京陥落(一八六四年)後も、彼らは太平軍の残存部隊とともに行動した。清朝がそのすべてを平定するのに、さらに一〇年以上の歳月を要した。その反乱とは、天地会系秘密結社、少数民族、回民、捻軍による戦い

▼**小刀会**　天地会系の一分派。反清復明を唱え、会員は小刀を帯び、紅巾をまとった。

である。

（一）天地会系秘密結社

　広西・広東・福建・湖南など華南は天地会（三合会）系秘密結社の坩堝であった。すでに一八四〇（道光二十）年代から各地で反官・反地主あるいは反清の武装闘争を展開していた。彼らの多くは太平天国が決起すると、太平軍に合流し、その先導的役割を担い、一方では太平軍の反乱に刺激されて、独自の戦いを展開した。

　一八五三（咸豊三）年、福建の小刀会▲は漳州《しょうしゅう》・同安などで蜂起し、税の免除を掲げて開港場の厦門《アモイ》に政権をたて、指導者は「漢大明統兵大元帥」と称した。上海の小刀会は上海県城を一年半にわたり占領し、「復明」を掲げ「大明国」と号し、太平天国との連携をめざした。

　一八五四（咸豊四）年、広西の天地会は湖南の省境に近い灌陽《かんよう》に「昇平天国」を建国、太平軍を支援したが、一年余りで湘軍に撃破された。広東の天地会は広州城を包囲し、清軍・イギリス軍と半年にわたり対峙したのち、広西の潯州（桂平）に「大成国」を建国、六年間にわたり政権を維持した。

●—回民

●—太平天国期の民衆反乱

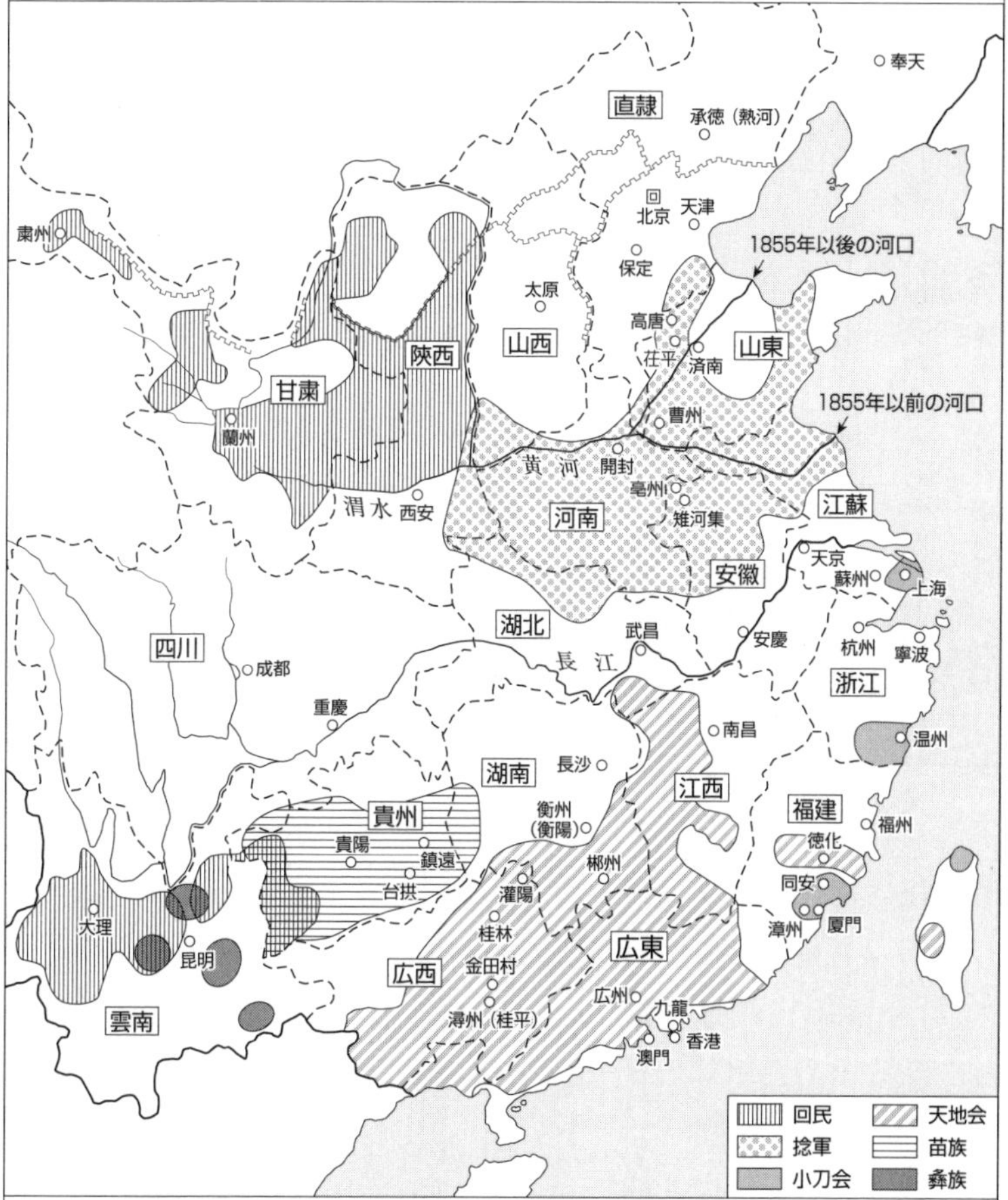

〔出典〕張海鵬編著『中国近代史稿地図集』（地図出版社, 1984 年）の〈太平天国時期各族人民起義形勢〉33 ～ 34 頁をもとに作成。

(二)少数民族

広西・雲南・貴州・湖南の各交界には苗族・侗族《どうぞく》・瑶族《ようぞく》・壮族など多くの少数民族が居住している。彼らは満人・漢人とのあいだで、改土帰流▲にともなう官の敵視と抑圧、漢人入植者による土地の収奪、軍費調達のための付加税の増徴、風俗・習慣・宗教上の違いなどで、しばしば械闘▲をおこしていた。そんなおり太平天国の蜂起は少数民族が決起する起爆剤となった。

一八五五(咸豊五)年貴州の苗族は、指導者張秀《ちょうしゅう》眉《び》▲のもとで苗族への官憲・地主の圧政にたいし、反清を掲げて決起した。彼らは白蓮教徒▲・天地会や侗族の蜂起軍をも巻き込みながら、貴州の台拱《だいきょう》・鎮遠など西南部を制圧した。また太平軍とも共同作戦を展開し、反乱は湖南・広西・四川にも拡大し、清朝への抵抗は二十数年におよんだが、一八七三(同治十二)年鎮圧された。

(三)回民

陝西・甘粛・雲南には回民が広い範囲にわたって居住している。彼らも少数民族と同様に、官憲や漢人とのあいだにさまざまな矛盾をかかえており、太平軍の出現は彼らの蜂起の導火線となった。

▼改土帰流　明代以降進められた、西南地方の少数民族にたいする中国化・内地化政策。従来は部族の酋長を土司(土官)に任じて統治していたが、それを廃止して内地同様に「中央から官吏(流官)を派遣して統治した制度。

▼械闘　旧中国社会で武器(械)をもっておこなわれた部落間の闘争。閉鎖性・排他性の強い同族部落間に多くみられ、祖先の墳墓・農業水利・境界などをめぐり、法によらず、武器を用いて直接闘った。華南で多くみられる。

▼張秀眉(一八二三〜七二)　貴州省台拱の苗族出身。貧農の生まれ。官憲や漢人地主から抑圧されている苗民を救済するために蜂起し、長期にわたって清軍と対峙し政権を維持したが、一八七二年捕らえられ、長沙で処刑された。

▼白蓮教徒　弥勒《みろく》菩薩《ぼさつ》が末世にあらわれて衆生を救済するという(弥

勒下生《げしょう》)信仰を奉じる信徒あるいは宗教秘密結社。白蓮教は、本来阿弥陀仏の浄土往生を願う信仰であったが、のちに弥勒信仰やマニ教が混合した。

▼**杜文秀**(一八二八〜七二)　雲南省保山《ほざん》の回民。地方官の回民虐殺に抗議して北京に訴えたが、拒否された。帰郷後一八五六年蒙化で蜂起し、大理に平南国をたて、政治・経済・軍政の諸改革をおこない、長きにわたって政権を維持した。七二年投降して殺害された。

雲南回民の反乱は、一八五六(咸豊六)年、銅鉱山の利権をめぐる漢人と回民の抗争、官憲による昆明付近の回民の大量殺戮からはじまり、彝族《いぞく》・壮族なども巻き込み、雲南全域におよんだ。指導者杜文秀《とぶんしゅう》▲らの反乱軍は大理《だいり》を占拠して政権を樹立、太平軍との共闘を掲げ、清朝打倒を宣言した。その後大理政権は幾度となく湘軍の重鎮雲貴総督張亮基らの猛攻を退け、さらに省都昆明《こんめい》を包囲し続け、六二(同治元)年には雲南の半分以上を支配した。しかし太平天国の崩壊、蜂起軍内部の分裂、食糧不足などで、一八七三(同治十二)年、一八年におよぶ動乱に終止符が打たれた。

陝西回民の反乱は、一八六二(同治元)年漢人・回民の団練相互の武力衝突からはじまり、雲南で戦う回民、陝西に進攻する太平天国・捻軍と連携しながら、陝西省都西安および渭水《いすい》流域を席巻し、さらに甘粛へと拡大した。この事態に驚いた清朝は、六六(同治五)年、湘軍の一翼を担う左宗棠を陝甘総督に任じ、その鎮圧にあたらせた。左は捻軍と回民の連携を遮断し、近代兵器による軍事的圧殺と回民の強制隔離移住策と懐柔策によって、六九年(同治八)年に陝西の支配を、七三(同治十二)年に甘粛の秩序を回復させた。

（四）捻軍

捻子・捻軍（捻匪▲）は、淮北の貧民や失業した水夫・鉱夫・職人・兵士らから構成され、主に宗族（血縁）や地縁によって結合し、圩寨《うさい》▲を拠点に数百から数千の単位で行動する武装集団である。彼らは無頼遊侠の徒として、私塩の密売買、賭場の開帳、用心棒、紛争への介入などを生業とし、ときには市井《しせい》を武断し、富豪・大地主からの略奪や官との抗争もした。

平原の広がる淮北は、地理的環境の悪化▲と治水灌漑の放置、多発する自然災害、さらには「銀貴銭賤」、重税などから、農村の疲弊化と農民の窮乏化・遊民化が著しかった。こうした状況下で太平軍の北伐軍が、一八五三（咸豊三）年五～六月の間淮北にはいると、貧苦の民衆を吸収して捻子の活動がにわかに活発化した。五五（咸豊五）年秋、豪族張楽行▲は、捻子の諸集団を安徽最北の雉河《ちが》集《しゅう》に集め、五大旗▲からなる捻軍を編成した。自らその盟主となり、「大漢」と号し、反官・反地主・反清を標榜した。捻軍は、太平軍の新指導部陳玉成らと共同闘争をおこない、不管地《ふかんち》▲であることを利用し、騎兵と歩兵よる遊撃包囲戦で清軍を圧倒し、太平天国の北壁の役割を担った。

▼捻軍（捻匪）　蜂起する前を捻子・捻党、大規模な蜂起後を捻軍という。捻匪は官側の呼称。捻の意味は諸説ある。「指で物を捻《よ》るように集まって離れない」などの意から、群衆の集まるさまをいう。仲間、集団、一団、一隊のこと。

▼圩寨　淮北の旧農村では村落の周りを濠や土壁をめぐらして外敵を防いだ。このような村落を圩とか寨または圩寨といった。

▼地理的環境の悪化　淮北には、淮水に注ぐ河川が無数にあったが、ほとんど河道が埋まり、水はけが悪く、砂礫地で表土が浅く、蓄水力に乏しく、雨が降れば洪水、日照りであれば旱害となった。また黄河の決壊による洪水にも幾度となく襲われ、飢饉に見舞われた。淮北には「三年両頭災、十年八年災」という諺がある。

▼張楽行（一八一一～六三）　安徽

太平天国が一八六四(同治三)年に崩壊すると、淮北の捻軍は張宗禹《ちょうそうう》▲が新指導者となり、太平軍の残存部隊(遵王頼文光《じゅんおうらいぶんこう》)▲と合流して、ふたたび勢力を盛り返した。捻軍討伐の先頭に立ったのは清軍のモンゴル鉄騎軍である。その統領はかつて太平軍(北伐軍)を殲滅した僧格林沁である。その闘将も六五(同治四)年山東省曹州で激戦のすえ敗死した。

僧格林沁の死は北京に強い衝撃と危機感をもって受けとめられた。清朝は、ただちに両江総督曽国藩に欽差大臣として直隷・山東・河南の三省の軍務を統括させ、捻軍の討伐に専念するよう命じた。華北を騎馬主体の機動力で変幻自在にかけめぐる捻軍にたいして、曽国藩も、騎馬隊を編成し、四省一三府州に兵站基地を建設し、各郷村の圩寨を修築して、押さえ込もうとした。しかしその目的は思うように果たすことができなかった。

その要因の一端には、曽国藩の率いた八万の軍団の大半が李鴻章自らの手で編成した私兵軍団淮軍の将兵で、曽国藩の指揮・命令に従わないという状況がおこっていたこと、圩寨の修築にあたり、その査察に名を借りて、将兵らの略奪がおこなわれ、民衆の怒りと反撃を受けていたことがあった。

省亳州《はくしゅう》の人。張家は数千人の同族を擁する豪族。雉河集の捻子で、糧食店・雑貨屋・酒造業を営み、一方では捻子の武装を利用して私塩の輸送、密売をしていた。捻軍の戦いでは貧窮農民の先頭に立ち、節を曲げることはなかったという。太平天国から沃王《よくおう》に封ぜられた。一八六三年僧格林沁の清軍に敗れ、処刑される。

▼五大旗　黄・白・藍・紅・黒の五色の各旗からなる軍団。黄色旗は盟主張楽行の軍団である。

▼不管地　たとえば淮北のように山東・安徽・河南・江蘇の各省境が錯綜し、各行政機関が互いに責任を転嫁しあい、権力による統制が最もおよびにくい地域をいう。淮北は同時に塩の専売地域が交錯する塩法上の不管地で、私塩の密売買が盛んであった。捻子・捻軍の軍事的・経済的活動が広域におよんだのはこの不管地に由来する。

捻軍の討伐は遅々として進まず、中央では曽国藩にたいする批判が高まっていた。曽国藩は、手足の麻痺《まひ》・目眩《めまい》・視力の減退などの病状がはかばかしくなく、捻軍制圧の実をあげられないことを理由に、一八六六(同治五)年十一月協辦大学士・両江総督・欽差大臣を罷免して散官(職掌のない官)とし、爵位も取り消すよう願い出た。これにたいし清朝は、軍務を解き、二カ月の休養を与えるが、両江総督の本務にはもどるよう命じた。

代わって捻軍討伐の軍務は、江蘇巡撫李鴻章の率いる淮軍によって展開され、一八六八(同治七)年八月、発生から一六年におよぶ捻軍の騒乱は平定された。李鴻章はその功によって、太子太保・協辦大学士に叙せられ、湖広総督として新たな任地におもむいた。李鴻章の声望はいやがうえにも高まることになった。

直隷総督就任

曽国藩も捻軍鎮定の功労者として、一八六八(同治七)年九月両江総督から直隷総督▲への転任が命じられた。栄転ではあったが、曽国藩には捻軍の討伐の任務が完遂できず、役に立てなかったという自責の念と忸怩《じくじ》たる思いがあった。

▼**張宗禹**(?〜一八六八)　安徽省亳州の人。大地主の家に生まれ、幼少から科挙の勉強をした知識人。張楽行の会盟で一旗を領した。軍規を厳しくしたため「小閻王(小閻魔王)」と呼ばれた。一八六三年張楽行亡きあと、実質的に捻軍の最高指導者となる。六八年淮軍と清軍に敗れて死亡する。

▼**遵王頼文光**(一八二七〜六八)　広西省桂平の人。客家。太平天国の初めは洪秀全のもとで文筆に従事、天京内訌後は軍団を率い、一八六一年英王陳玉成に淮北の捻軍との共同闘争を建議、ともに河南・陝西に進攻。天京陥落後も捻軍と共同してゲリラ戦を展開し、曽国藩を苦しめた。六七年揚州で李鴻章の淮軍に敗北、翌年処刑される。

▼**直隷総督**　総督のなかの筆頭格である。従来は満州貴族が独占し、漢人の就任は代理をふくめて二人だ

けである。中央の重職を兼務し、また一八七〇年に廃止された辦理三口通商大臣の職務を継承し、華北における通商・外交・海軍の業務を統括した。総督は従来保定に常駐したが、これ以後は冬季を除いて天津に駐在した。

これ以後彼は捻軍のことを口にすることはなかったという。

曽国藩は職務に就くべく南京をたち、十一月北京にはいり、翌一八六九(同治八)年二月に任地保定におもむくあいだに、西太后に幾度か召見され、下問を受けている。特に直隷における急務はなにかという西太后(西洋嫌いで知られていた)の下問にたいし、曽国藩は、まずは団練(傭兵)を柱とする練兵と海防を強化すること、ついで文武官僚の綱紀を粛清すること、講和(和平)もまた練兵・海防と同様に重要で、それには細心の配慮が必要である、と答えている。彼が述べた、軍事・国防を優先し、団練と和平を重視するという政策は、「同治中興」といわれるこの時代の特徴をあらわしている。

直隷総督は清朝のお膝元にあり、国政を左右する最重要ポストである。その地位に湖南出身の漢人曽国藩が就いたことは、洋務派と呼ばれる新集団が政治の表舞台に登場し、政局を主導する立場にたったことを意味する。そのことは、そのポストを愛弟子の李鴻章が継承し、その後実に二五年にわたり在籍したことからもいえる。

④—中国の近代化のはじまり

アロー戦争

イギリスはアヘン戦争および南京条約によって、眠れる獅子「中華帝国」の強固な門戸を開き、欧米列強による侵略の橋頭堡を築いた。戦前から三億人以上の人口をもつ中国市場は無限の需要があるといわれていた。しかしそれは幻想であり、幻滅へと変わった。五港の開港▲が予期したほど市場の開放、通商の拡大にはつながらなかったからである。列強はさらなる開港場や内地への勢力拡大、内国関税の撤廃、条約の改正、外交交渉の明確な窓口などを求めて、新たな侵略の機会・口実をねらっていた。それが広州の街を流れる珠江でおこったアロー号事件である。その意味でこの事件は、アヘン戦争の延長線上で意図的におこされたものであり、アロー戦争といわれるゆえんである。またこの戦争の結果、アヘン貿易の合法化が明文化された点から、この戦争は別名第二次アヘン戦争とも呼ばれる。

イギリスは一八五六(咸豊六)年十月、清朝による香港籍船アロー号の臨検と

▼五港の開港　広州・厦門・福州・寧波・上海の開港。

▼円明園　北京西北郊外にある清朝の離宮。十八世紀初頭、雍正帝の皇太子時代に造営がはじまり、乾隆帝代に整備された。円明園内の長春園の一角には、ヴェルサイユ宮殿を模したロココ様式の西洋建築群があり、フランスの文豪ユーゴーは「幻想の芸術の崇高な傑作」と評した。

英旗引き下ろしを口実に、戦争をしかけた。ついで広西でフランス人宣教師が殺害されたのを口実にフランスを誘いこんだ。イギリス・フランスは共同出兵し、広州を占領して北上、首都北京に近い天津に迫った。そこで清朝側は和平に応じ、五八(咸豊八)年六月に天津条約を結んだ。ところがその後、清朝側で主戦論が高まり、ふたたび戦闘がはじまり、イギリス・フランス連合軍は六〇(咸豊十)年八月天津を占領し、九月北京に入城した。史上悪名高い、離宮円明園▲の略奪と破壊は、このときにおこなわれたものである。

列強の侵攻に恐れをなした咸豊帝は、主戦派の皇族・重臣とともに北京を脱出し、熱河《ねっか》(承徳)の離宮に逃れる一方、この難局を和平派の弟恭親王奕訢、大学士桂良《けいりょう》▲、軍機大臣兼戸部左侍郎(財務次官)文祥《ぶんしょう》▲に託し、北京でイギリス・フランス連合軍等との和平交渉にあたらせ、一八六〇年十月天津条約の再確認をふくむ北京条約▲を締結した。また和平を仲介したロシアにたいし、その代償として愛琿《アイグン》条約(一八五八年)、北京条約(一八六〇年)を結び、黒竜江(アムール川)以北の地とウスリー江以東の地(沿海州)を割譲した。

天津・北京両条約は、欧米にとってアヘン戦争以後も求め続けた中国市場の

▼桂良(一七八五~一八七二) 満州正紅旗人。娘は恭親王奕訢に嫁す。貢生。捐納で礼部主事。その後四川・広東などの布政使、河南巡撫、湖広・閩浙などの総督、兵部・吏部の尚書代理、直隷総督を歴任。アロー戦争の処理およびその後の政局では、軍機大臣・総理衙門大臣として恭親王を補佐した。

▼文祥(一八一八~七六) 満州正紅旗人。一八四五年の進士。京官として工部、太僕寺・詹事府などにつとめ、五八年内閣学士に進み、戸部侍郎・軍機大臣となる。アロー戦争後の政局では恭親王奕訢を補佐した。

▼北京条約 内容は①一一港の開港、②内地旅行の自由と長江の開放、③キリスト教の布教の自由、④中国人の海外渡航の公認、⑤アヘンの合法化、⑥輸出入税五パーセントと内地通過税二・五パーセント、⑦九龍の割譲と賠償金、⑧外国使節の北京駐在、⑨「夷」の字の使用禁止、⑩外

さらなる開放と、既得権益のさらなる拡大の集大成である。それは、朝貢体制（華夷秩序）とその変則であるカントン体制▲から、条約体制（対等外交）への完全な脱却を意味した。換言するならば欧米と清朝の外交関係が、国際法にもとづく条約体制の枠組のなかに、明確に位置づけられたことである。その意味でこの両条約は、在華外国人のマグナ＝カルタ▲といわれるゆえんである。

咸豊帝から同治帝へ

熱河に逃れてまもなく咸豊帝は病に倒れ、一八六一（咸豊十一）年八月、三一歳の若さで死去した。咸豊帝の正室東太后には子がなく、側室の西太后にはただ一人帝位を継ぐ男子がいた。六歳になる載淳（のち同治帝）が帝位につき、先帝の側近で実力者怡親王載垣・鄭親王端華・宗室粛順らが後見することになった。しかし彼らは新帝のもとで政権を保持するために、幼帝の生母西太后や北京で困難な外交交渉をしている恭親王奕訢を排除しようとした。これにたいして西太后は、十一月初め咸豊帝の棺が北京に移された直後に、恭親王奕訢らと協力してクーデタを敢行、後見役の怡親王載垣らを粛正し、政権を奪取した。

国人税務司制度の拡大などである。

▼カントン体制　一七五七年に対外貿易が広州一港に制限されて以来、粤海関（広州税関）の統制下で公行《コーホン》（広東一三行、広東の特許商人の組合）が対外貿易を独占しておこなった貿易体制。

▼マグナ＝カルタ　一二一五年イギリス王ジョンが承認した国王と貴族の関係を規定した、六三条からなる文書で、大憲章という。人身の自由、都市の特権の確認、不当な裁判による逮捕・財産の没収などの禁止を規定し、王権を制限し、貴族の特権を確認したもので、イギリスの立憲政治の基礎となったといわれる。

アロー戦争における英仏連合軍の侵攻図

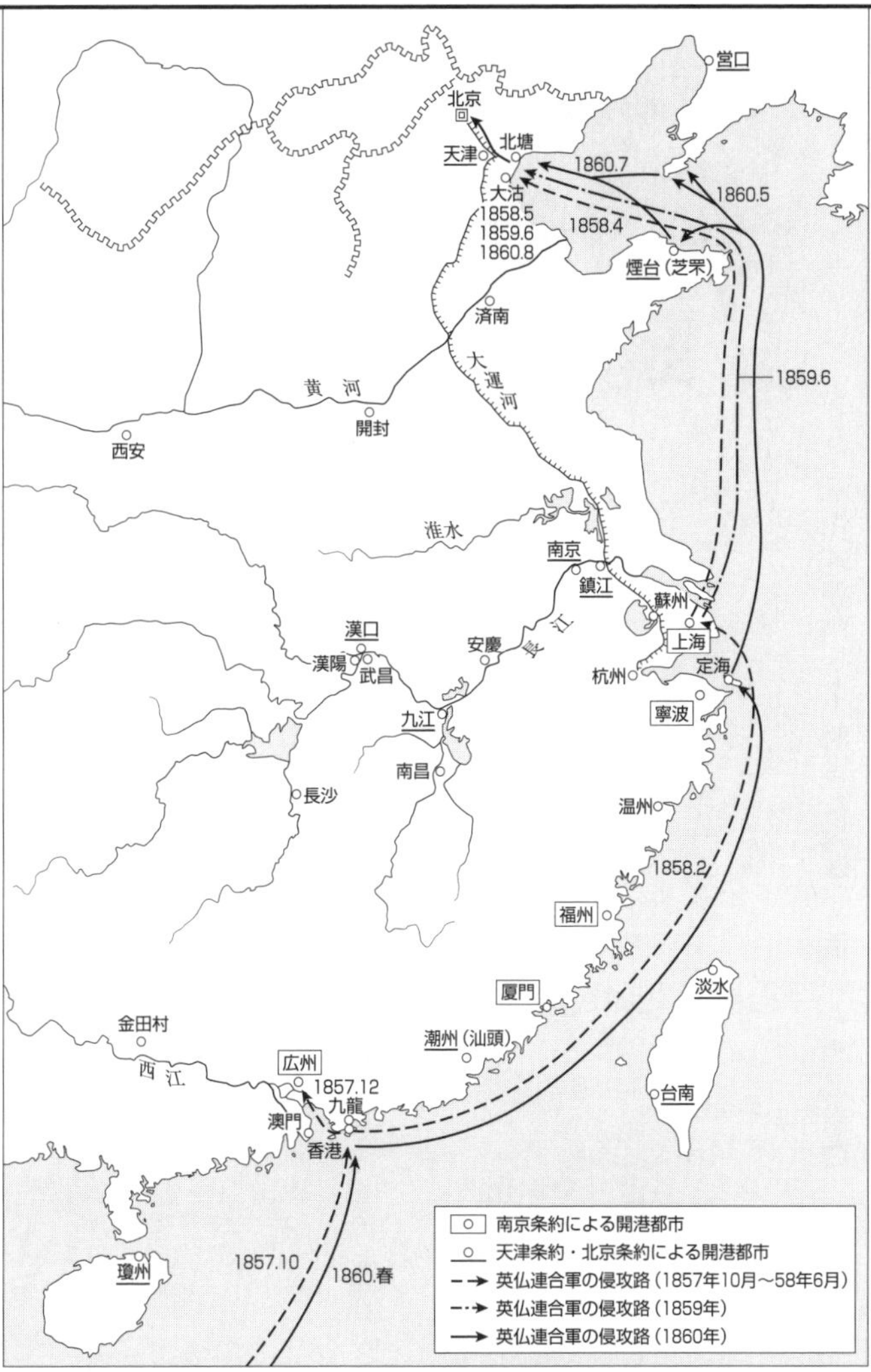

〈出典〉張海鵬編著『中国近代史稿地図集』地図出版社、一九八四年）の〈第二次鴉片戦争形勢〉二五頁をもとに作成。

英仏連合軍の北京入城

北京条約の調印

▼「**垂簾聴政**」　摂政政治。幼帝の玉座の背後にかかる簾《みす》の奥で、摂政が実権をふるうことをいう。

▼**総理衙門**　正式には総理各国事務衙門という。略称で総署、訳署という。

クーデタののち、幼帝の後見となった西太后と東太后による「垂簾聴政《すいれんちょうせい》」▲がおこなわれ、それにちなんで同治と改元された。恭親王奕訢が軍機処を主宰し、さらに対外窓口として新設された総理衙門▲の責任者となり、奕訢を補佐してきた大学士桂良や文祥も軍機大臣兼総理衙門大臣になった。彼ら和平派は、軍機処・総理衙門の実権を掌握し、北京条約体制にもとづき、欧米列強と一定の協調関係を保持し、漢人官僚重用政策のもと、重要事項の多くは、のちに洋務派といわれる曽国藩・李鴻章・左宗棠ら地方の大官（総督・巡撫）の意見を徴したうえで決定された。

同治帝代の朝廷と政局は、西太后・奕訢・文祥らが中心となって動いていくが、西太后は、その後父子相伝の慣例を無視して、清朝最期の光緒帝・宣統帝を皇帝としてしまうなど、宮廷中枢において権力を掌握し、西太后時代を現出した。これもまた王朝末期の現象といえる。

総理衙門——対等な外交関係のための窓口

北京条約の締結によって、清朝は否応なしに、欧米との日常的かつ対等な外交関係を甘受し、欧米の意向にそう形で新しい器を準備しなければならなかった。

第一に首都北京に外国公使館区域が設けられた。それは皇帝のお膝元、皇城の正門天安門前の東側、東交民巷《とうこうみんこう》一帯である。英使節マカートニー卿《きょう》▲以来の懸案であった外国公使の北京常駐が認められた。欧米からすれば、清朝との外交交渉の確固たる足場となった。

第二に総理衙門を北京に設立したことである。これは公使館の北京設置および対等な外交関係に対応するためのものとして、一八六一(咸豊十一)年一月に設けられた外交の窓口である。総理衙門の設立は、従来の朝貢体制(華夷秩序)にもとづき、礼部ないし理藩院▲で処理してきた伝統的な対外交渉システムを大きく変更するものであった。

しかし清朝は総理衙門をあくまでも軍機処に付属する「臨時」の機構とした。その業務は、①欧米列強との利害を臨機応変かつ迅速に処理し調整する、②それに対応する国内の体制の整備・再編をする、という重要な役割である。その結果、総理衙門は、洋務かつては「夷務」といったが、西洋などの対外関係に

▼マカートニー卿(一七三七〜一八〇六)　イギリスの外交官。公使・植民地総督を歴任。一七九三年中国との通商交渉のために最初に派遣された使節。乾隆帝にたいする三跪《さんき》九叩頭《きゅうこうとう》の礼(臣下の礼)を拒否したために、交渉は失敗する。

▼理藩院　藩部(西蔵・青海・蒙古・東トルキスタン)を統括する中央官庁。長官(尚書)・次官(侍郎)は満人をあてた。

かかわる事務全般を取り扱うセクションとなる。具体的には、外交をはじめ、税関・貿易通商から船舶・兵器の製造、電信、鉄道の敷設、鉱山開発、工場建設、借款、海軍の創設などにかかわり、中国の西洋化・近代化を先導した。

また総理衙門の首脳部は王大臣と称され、侍郎（六部▲の各部次官）以上の高官（の兼務）をもって構成され、多くは軍機大臣が兼務した。そのリーダーが恭親王奕訢である。こうして総理衙門は、軍機処とならび、六部のうえに位置する別格の最高機関となり、中央においては、その後の政局や国際関係および洋務運動の展開に主導的な役割を担った。

洋務運動とは

アロー戦争の敗北と太平天国との死闘をへて、清朝内部に洋務派と総称される新しいグループが形成された。中央でいえば、総理衙門に集結した恭親王奕訢・桂良・文祥らであり、地方でいえば、太平天国平定の功績によって地方の高官（総督・巡撫）に抜擢された曽国藩・李鴻章・左宗棠・張之洞《ちょうしどう》▲らである。彼らは、欧米列強と協調し、艦船・大砲に象徴される西洋の近代的な科学技術や

▼六部　中央における行政執行機関。吏部・戸部・礼部・兵部・刑部・工部の六官庁。長官（尚書）は満人・漢人各一人、次官（侍郎）は右侍郎と左侍郎があり、各々に満人・漢人各一人で、右侍郎が上席となる。六人の合議で決した。二五頁も参照。

▼張之洞（一八三七～一九〇九）　直隷省南皮の人。一八六三年の進士。翰林院編修・侍講・侍読学士をへて内閣学士、山西巡撫となる。八四年両広総督、八九年湖広総督となり一九〇七年まで在勤。広東・湖北で洋務運動を展開した。

機器を導入して、富国強兵をはかり、弱体化した清朝支配体制の再構築をめざした。この一連の改革は洋務運動と呼ばれ、同治帝の一八六〇年代から光緒帝の一九九〇年代にかけて展開されたので、この期間は「同治中興」「同光新政」ともいわれる。

ここで洋務運動の展開過程を概観しておこう。

第一段階(一八六〇〜七二年)は、内乱対策としておこなわれたので、その中心は軍備の拡充にあり、まずは外国製の武器・艦船の購入からはじまった。やがてそれを自ら製造しようと、それに必要な工作機械を輸入し、さらに機械そのものを中国で製造しようとした。それと同時に製造技術・操法・軍事あるいは外国語などを学ぶ学校を設立し、留学生を欧米に派遣した。

まず各地に兵工廠《しょう》が設立され、銃砲・弾薬・艦船などが製造された。その第一号が曽国藩の建設した兵器工場、安慶内軍械所(一八六一年)である。ついで李鴻章による上海の江南製造総局▲(一八六五年)、金陵機器局(一八六五年)、天津機器局(一八六七年)、左宗棠による福州船政局(一八六六年)が建設された。また洋務を学ぶ新式の教育機関として、総理衙門に京師《けいし》同文館▲(一八六二年、北

▼江南製造総局　曽国藩の立案にもとづき、李鴻章が創設した官営の軍事工場で、アメリカ人経営の鉄《てっ》廠《しょう》を買い取り、上海・蘇州の洋砲局を併合してつくられた。銃砲・銃弾・水雷・火薬の製造工場から機械・汽罐《きかん》(ボイラー)・製鉄・造船などの工場を有し、当時東アジア最大の規模の軍需工場であった。

▼京師同文館　清末の対外交渉に対処するために設立された、中国最初の官立の外国語学校。語学教育にはじまり、天文学・数学・化学・国際法などの専攻が設けられた。一八九八年創設の京師大学堂(のちの北京大学)に吸収された。

京）とその分校広方言館《こうほうげんかん》▲（一八六三年、上海）・広州同文館（一八六四年）、江南製造総局に繙訳館《ほんやくかん》（一八六八年）、福州船政局に船政学堂（一八六七年）をそれぞれ付設した。

第二段階（一八七二〜八五年）は、日本が台頭し、列強による辺境の危機が高まった時期にあたる。兵器・造船などの官営工場の発達とともに、新たに富国をめざす運輸・通信・鉱山・織布・紡績などの企業が誕生した。それらは民間資本を召募した官督商辦（半官半民）の経営方式によるものである。その先駆けが上海に創設された輪船招商局（一八七三年）である。外国汽船会社による中国の海運の独占を排除するためであった。ついで汽船などに使う石炭採掘のために開平鉱務局（一八七八年）が設立され、石炭輸送のために中国人による最初の鉄道、唐山《とうざん》鉄道が敷設（一八八一年）された。通信関係では天津電報総局（一八八〇年）を設立、有線電信線が天津・大沽《ターク一》間（一八七九年）、天津・上海間（一八八一年）に敷かれた。また中国人による最初の紡績工場、上海機器織布局（一八八二年）が外国製綿製品の輸入に対抗するねらいで創設された。この時期の起業の多くは李鴻章によるものである。

▼広方言館　上海に創設された外国語学校。原名は外国語言文字学館。外国語の通訳や翻訳に堪能な人材を育成した。一八六三年に設立され、七〇年（六九年説もある）に江南製造総局に併入される。

繙訳館

洋務運動期のおもな工場と学校

〔出典〕張海鵬編著『中国近代史稿地図集』(地図出版社, 1984年)の〈十九世紀洋務活動和資本主義工業的興起〉47～48頁, 張国輝『洋務運動与中国近代企業』(中国社会科学出版社, 1979年), 夏東元『洋務運動史』(華東師範大学出版社, 1992年)などをもとに作成。

輪船招商局

江南製造総局

アメリカに派遣された留学生

▼**陳蘭彬**（一八一六〜九五）　広東省呉川《ごせん》の人。一八五三年の進士。翰林院庶吉士をへて刑部主事。六八年曽国藩の幕僚となり、江南製造総局の会辦（相談役）となる。七五年初代駐米公使（スペイン・ペルー公使兼任）となり、帰国後八二年総理衙門大臣、礼部侍郎などを歴任。八四年免官となる。

一方、この時期には欧米への留学生派遣や軍人・技術者養成の学校の設立が推進された。曽国藩はブレーン容閎の献策を受けて、一八七二（同治十一）年中国最初の留学生三〇人（監督陳蘭彬《ちんらんひん》▲・容閎）をアメリカに派遣した。七六（光緒二）年には李鴻章の献策で福州船政学堂から三〇人の留学生をイギリス・フランスに送った。また士官養成のために日本の陸軍士官学校や海軍兵学校のような武備学堂や水師学堂が天津・広州・武昌などに建設されたほか、工業技術系の学校として天津電報学堂・上海電報学堂などがつくられた。

第三段階（一八八五〜九五年）は、清仏戦争（一八八四〜八五年）から日清戦争（一八九四〜九五年）にかけての時期である。北洋艦隊の編成（一八八八年）と漢陽鉄廠の建設（一八九三年）という二大プロジェクトが進行した。北洋艦隊は李鴻章の淮軍を基礎とし、ドイツ式訓練と武器で装備された近代的軍隊で、天津で編成された。漢陽鉄廠は両広総督・湖広総督を歴任した張之洞が手がけたもので、大冶《たいや》鉄山・萍郷《ひょうきょう》炭鉱の開発とそれらを鉄道でリンクさせた鉄鋼コンビナートの一環である。張之洞はこのほか広州や武昌に製糸・織布・製麻・火柴《かさい》（マッチ）などの工場を建設した。彼は李鴻章亡きあと、光緒新政▲における近代化推進のリーダーとなった。

安慶内軍械所

曽国藩が洋務運動とかかわったのは、その第一段階のみである。それは、彼が湘軍を率いて太平天国・捻軍と激闘の中心にいたこと、彼が一八七二(同治十一)年に死去したことによる。したがって運動の全局を主導したのは、彼の愛弟子で、淮軍の総帥李鴻章である。ここでは曽国藩と洋務運動のかかわりの一端にふれておく。

曽国藩ら洋務派は太平天国との戦いで、欧米人の助力をえたことから、彼らの近代的兵器が優れていることを実感した。安徽南部の祁門で太平軍と交戦中に、曽国藩は、欧米から兵器・兵力・軍事作戦等の支援要請を受けたとき、一八六〇(咸豊十)年十二月の上奏で次のように述べる。

> 当面は洋人の力を借りて、反乱の平定や漕運《そううん》▲米の輸送に役立て、ひとまず内憂を緩和し、将来は「夷の智」(洋人の技術)を師として大砲や軍艦を製造すれば、なによりも国家永遠の利益をはかることができる。

▼光緒新政　義和団戦争が終結する一九〇一年、光緒帝と西太后は変法実施の詔を発布、立憲君主制による近代国家の建設をスタートさせた。この改革は教育と軍事を柱とし、官制・法制の改革、実業振興などを推進した。この一連の改革を光緒新政という。別名第二洋務運動ともいわれ、張之洞・袁世凱《えんせいがい》・劉坤一《りゅうこんいつ》らがその担い手となった。

▼漕運　漕糧(租税として徴収された米穀など)を北京へ水運輸送する制度。主として江南から華北に通じる大運河で運ばれた。

▼『**幾何原本**』　ユークリッド幾何学の前半部の漢訳本で、一六〇五年に北京で刊行される。イエズス会宣教師マテオ＝リッチの口述、徐光啓の漢訳による。

▼**華蘅芳**（一八三三〜一九〇二）江蘇省金匱《きんき》（現無錫）の人。幼時より数学が大好きで、一四歳で明代の数学者程大位の『算法統宗』を読破した。一八六一年徐寿とともに曽国藩の幕下にはいり、数学の研鑽を積む。徐寿と蒸気機関・蒸気船の建造にかかわり、宣教師フライヤーと代数・微積分・三角関数などの数学書を翻訳する。

曽国藩のこの提言は、その後の洋務運動の綱領であった。それは、アロー戦争に勝利し清朝と対等な国際関係を樹立した欧米が、清朝援助に向けて舵を切りはじめたときでもあった。

曽国藩は、直面する国内の危機を挽回するためには西洋の技術を導入することが喫緊の課題と考え、まずは欧米から銃砲・艦船を購入し、さらにその製造に向けて動き出した。一八六一（咸豊十一）年九月、弟の曽国荃が長江流域の安慶を太平軍から奪還したのを受け、曽国藩はここに湘軍の司令部を移すとともに、十二月から翌六二年にかけて火薬・弾薬工場、ついで銃砲・艦船を生産する安慶内軍械所を設置した。これは洋務派が最初に建設した軍事工場であり、当時の最も優れた中国人科学者・技術者が集められた。『幾何原本』▲の後半部を訳了した数学者李善蘭、化学元素記号の漢語命名で知られる化学者徐寿とその子徐建寅《じょけんいん》、熱気球を試作した数学者華蘅芳《かこうほう》▲らである。

その間、一八六二（同治元）年に徐寿・華蘅芳らは、蒸気機関《スチームエンジン》の実用化に成功し、木製の小型汽船を試作、六四（同治三）年に汽船「黄鵠《こうこく》」を完成させ、試験航行をおこなっている。しかしこの軍械所は規模が小さく、欧米人を雇用せず、経営・技術のすべてを中国人に委ねていた。彼らの能力・情熱・意欲は高かったが、製造された火器や小型輪船は必ずしも実用にたえうるものではなかった。

曽国藩は、あらためて西洋式の兵器や船舶の生産を成功させるには、外国人技術者の助力や機械を製造する外国製機械の導入が必要だ、と痛感した。そこで李善蘭が推薦する容閎に、総合的・基礎的な工場にふさわしい工作機械類の購入を命じて渡米させた。そこで購入されたものが、李鴻章らの開設した清朝(その後東アジア)最大の軍事・造船・機械工場となる江南製造総局に設置された。製造の指導は外国人技術者が担った。のちにここを視察した曽国藩は、江南製造総局が最初に製造した蒸気船「恬吉《てんきつ》」▲号に試乗し、ここに「自強」「自立」への第一歩がはじまった、と歓喜した。

さらに曽国藩は、一八六八(同治七)年、「翻訳の一事は製造の根本にかかわる」として江南機器製造局に繙訳館を設置した。繙訳館は、先の徐寿・華蘅芳らの科学技術者グループの発案によるものである。彼らは、招聘《しょうへい》したイギリス人フライヤーをはじめイギリス人ワイリー▲・アメリカ人アレン▲・ドイツ人クレイヤー▲らの宣教師と一緒に、西洋の科学技術書の翻訳・出版に従事し、また中

▼**「恬吉《てんきつ》」号**　のち「恵吉」と改名。船体は長さ六一メートル、幅九メートルで、外輪を用いた。

▼**ワイリー**(一八一五〜八七)　イギリス人宣教師。一八四七年来華。『新約聖書』の「福音書」の漢訳、『満蒙語文典』の英訳、景教碑文の研究などがある。

▼**アレン**(一八三九〜一九〇七)　アメリカ人宣教師。一八六〇年来華。六四年広方言館の英文教師となり、六八年『教会新聞』(のちの『万国公報』)を創刊し、主編として欧米の文化の普及に努める。六九年繙訳館にはいり、西洋文物の翻訳にあたる。教育事業にかかわり、八一年中国の伝統的学問と西欧の近代科学との調和をめざす中西書院を上海に創設した。在華四七年、中国知識人に大きな影響を与えた。

▼**クレイヤー**(一八三九〜一九一四)　プロイセン人宣教師。一八

●徐寿（一八一八〜八四）　江蘇省無錫の人。中国で初めて蒸気機関と蒸気船の製造にかかわった技術者。江南製造総局繙訳館で西洋近代の化学書の翻訳にあたり、格致《かくち》書院の創設や『格致彙《い》編《へん》』の創刊にかかわる。息子の徐建寅（一八四五〜一九〇一）も科学者として活躍する。

●徐建寅

●王韜（一八二八〜九七）　江蘇省蘇州の人。秀才。科挙を断念し、上海で墨海書院に勤め、多くの宣教師と親しくなり、当時有数の西洋通となる。一八六二年から香港の英華書院（イギリス人宣教師レッグ主宰）に二〇年近く勤め、その間渡英して欧州を歴訪。帰国後七四年中国人最初の漢語新聞『循環日報』を創刊、西洋事情を紹介し変法自強論を展開。八四年上海にもどり格致書院の院長、『申報』の主筆となる。

●徐寿考案の化学元素記号

華名	西號	分剤	西名
炭	C.	六	Carbon.
鉀	K.	三九二	Kalium.
鈉	Na.	二三	Natrium.
鋰	Li.	六九	Lithium.
鏭	Cs.	一三三	Caesium.
鉫	Rb.	八五三	Rubidium.
鋇	Ba.	六八五	Barium.
鎴	Sr	四三八	Strontium.
鈣	Ca.	二〇	Calcium.
鎂	Mg.	一二二	Magnesium.
鋁	Al.	一三七	Aluminum.
鋊	G.	六九	Glucinum.
鋯	Zr.	二二四	Zirconium.

●馬建忠（一八四五〜一九〇〇）　江蘇省鎮江の人。クリスチャンの家系に生まれ、上海の徐匯公学《じょわいこうがく》で西洋式教育を受け、フランスに留学、パリ大学の法学士となる。帰国後李鴻章の幕僚となり、外交交渉、企業経営、海軍の創設などに従事する。

●——**厳復**（一八五三～一九二一） 福建省侯官（現福州）の人。福州船政学堂を卒業し、一八七七年イギリスに留学。海軍や船舶術、自然科学や社会学などを学ぶ。帰国後李鴻章に招かれ天津水師学堂の総教習となり、二〇年在勤。一九〇二年京師大学堂付設の編訳局総辦となり、翻訳事業に専心した。晩年は袁世凱の帝政運動の中心人物となる。ハクスレーの『天演論』（原著『倫理と進化』）、スミスの『原富』（同『諸国民の富』）、スペンサーの『群学肄《ぐんがくい》言《げん》』（同『社会学研究』）、モンテスキューの『法意』（同『法の精神』）、ミルの『群己権界論』（同『自由論』）、『名学』（同『論理学体系』）など数々の名著を翻訳した。

●——**ハート**（一八三五～一九一一） イギリスの外交官。一八五四年香港の貿易監督庁へ赴任。以後各地の領事館の通訳官・書記官として活動。六三年第二代の海関総税務司となり、一九〇八年に退任した。この間北京に駐在し、清朝の財政・通商・外交の顧問として辣腕を振るった。

●——**マーティン**（一八二七～一九一六） アメリカ人宣教師。一八五〇年来華。一八六四年総理衙門の命を受け、中国最初の国際法を紹介した漢訳本『万国公法』（原著ホイートン『国際法原理』）を刊行する。九八年京師大学堂の総教習となり、西洋科学の導入に貢献する。

●——**『万国公法』**

●——**フライヤー**（一八三九～一九二八） イギリス人宣教師。一八六一年香港にはいり、六三年京師同文館の英文教習、六六年江南製造総局に招かれ、付設の繙訳館や広方言館で翻訳や外国語教育に携わる。中国で最初にダーウィンの進化論を紹介したことでも知られる。在華三〇年、訳語対照表をつくり、翻訳の体系化につとめ、多くの西洋科学書を紹介し、多くの中国人科学者を養成した。

六九年繙訳館にはいり、主に軍事関係の書籍の翻訳に従事、そのかたわら広方言館でドイツ語を教える。七九年清朝の欧州視察団の通訳として随行、その後はパリ・ベルリン・ローマなどの中国大使館員として外交業務に携わる。

▼**『格致彙編』**　一八七六年に宣教師フライヤー・徐寿らが創刊し、九二年に停刊。彼らは同時に、西欧の自然科学を学ぶ格致書院を上海に開校した。格致とは格物致知のことで、事物の原理を究めて広く知識をえることを意味し、物理学・化学などを総称した言葉である。

国最初の科学技術専門雑誌『格致彙編』▲を定期刊行した。一八八〇(光緒六)年までの一二年間に繙訳館で刊行された漢訳本は、数学・化学・地質学・天文学・物理学・測量学・医学等九八種、二三五冊におよび、中国国内のみならず日本・朝鮮や東南アジアの諸地域にも流布した。

洋務運動は上海を拠点に拡大した。当時の上海は西洋近代文明が中国に流入する最大の窓口であった。外国系の新聞社や雑誌社や出版社、教育機関、商社・銀行、娯楽施設など、近代中国の新しいものはほとんど上海からはじまっている。上海は西洋の近代的な知識の宝庫であり、それを普及させたのは欧米の宣教師らである。曽国藩は彼らを招聘し、幕下に集めた中国人の優秀な科学者や技術者との共同作業を通じて、洋務運動を推進した。こうした試みは、中国の知識人の西洋科学技術にたいする意識と能力を高め、強固な中華と保守の文明の牙城を打ち破る一穴となった。

曽国藩をはじめとする洋務官僚は、多くの人材を登用して洋務を推進した。曽国藩のかかえた幕僚・幕友らは八〇人をこえたという。彼らが雇用した人材を総覧してみると、多彩な顔ぶれが浮かびあがる。いくつか例をあげておこう。

まずはお雇い外国人のグループである。宣教師のフライヤー、アレン、マーティン、軍医のマカートニー▲、軍人のデギュベル、ジケル▲、外交官ハートら多数にのぼる。次に幕友・幕僚のグループである。李鴻章・左宗棠をはじめ薛福成、呉汝綸、黎庶昌、胡林翼、張亮基、馮桂芬《ふうけいふん》▲らである。彼らは曽国藩の幕下にいたことで、官に登用されたり、昇進したりして政策の立案やその実現の先頭にたち、洋務派形成の原動力ともなった。

洋務の人材で最も特異なのは脱科挙型（開港場）知識人である。彼らは、官僚世界とは異なる社会で西洋の近代を学んだ知識人で、洋務官僚の諸政策に大きな影響を与えた。容閎、馬建忠、厳復《げんぷく》、鄭観応《ていかんおう》▲、王韜《おうとう》らである。彼らは開港場を舞台に、ジャーナリズムや教育機関・商社などで活躍し、西学の比重を機器・技術（用）から政治のあり方（体）へと高め、やがて変法運動を生み、革命運動へとつなげることになった。

洋務運動の理論――保守派と「中体西用」論の登場

洋務運動が推進した西学（科学技術）の導入には、その当初から儒教を重んじ

▼マカートニー（一八三三〜一九〇六）　イギリスの軍医。アロー戦争に従軍し、常勝軍に加わる。李鴻章の幕僚となり、金陵機器局の創設・運営を担う。

▼ジケル（一八三五〜八六）　フランスの軍人。一八五六年アロー戦争で広州にはいる。寧波・上海・漢口で税務司を歴任。常捷軍に参加し、左宗棠と親交を結び、六六年福州船政局の副監督を務める。

▼馮桂芬（一八〇九〜七四）　江蘇省呉県（現蘇州）の人。一八四〇年の進士。代々商業・金融業を営む家に生まれる。経世致用の学を重視し、西洋の政治や科学技術に学び、内政や軍事の諸改革を提起した。李鴻章に請われて幕僚となり、李の政策に大きな影響を与えた。曽国藩も彼の主張を「名儒の論」と激賞した。

▼鄭観応（一八四二〜一九二二）　広東省香山（現中山）の人。科挙を断

る保守排外派の抵抗を受けていた。その論陣の先頭にいたのは、咸豊帝・同治帝の師傅、倭仁である。彼は曽国藩にとって、宋学（朱子学）の師ともいうべき存在である。倭仁は、立国の道は礼儀を尊び、権謀術数を尊ぶにあらず、根本の計略は人心の掌握にあり、技芸の習得にあらず、儒教による社会統合が士大夫の使命であり、夷人は仇敵である、という認識にたっていた。名士倭仁の西学導入の反対は、当時の保守的官僚や士大夫層に大きな影響を与え、洋務の遂行をしばしば阻害したのである。

　洋務運動は、富国強兵をおこなって王朝体制を立て直すことを大義名分とした。その大義名分の理論的支柱が「中体西用《ちゅうたいせいよう》」論▲である。その思想の先駆けとなったのは、李鴻章のブレーン馮桂芬の『校邠《こうひん》廬《ろ》抗議《こうぎ》』（一八六〇年前後の執筆、八四年公刊）であり、それを理論として体系的に明確化したのは、洋務官僚張之洞の『勧学篇《かんがくへん》』（一八九八年）である。初期の曽国藩は、宋学にもとづく名教・礼儀・人倫によって伝統的な王朝体制を再構築する必要性を強調していた。しかし内乱や列強の圧力によって動揺する王朝体制を維持し再建するためには、宋学と当時の歴史的状況とのあいだの距離をうめねばならなかった。それをう

念して上海へ。同郷の徐潤の紹介で英デント商会の買辦となり、イギリス人宣教師フライヤーの英華学塾の夜学で学ぶ。その後外国人との合弁で企業経営をおこない、事業を展開。その経営手腕を買われて、李鴻章の上海機器織布局や上海電報局の経営に参画する。進化論的立場にたち、科学技術や商業の振興を説く。

▼**「中体西用」論**　「中学を体となし、西学を用となす」という考え方で、中学の根本理念さえ棄てなければ、あとは西学をいくらでも受けいれてもよいとする。「中学」とは本体、根本理念、次元の高いもの、つまり中国の伝統的学問、儒教の経典にもとづく聖人の道、礼の秩序といわれる道徳・精神文化を意味する。「西学」とは実用、枝葉末節、次元の低いもの、つまり西洋の先進的な科学技術などいわば物質文明を意味する。

めるために登場したのが「中体西用」論なのである。それは伝統的な宋学と矛盾するものではなかった。

「中体西用」論にはさまざまなバリエイション(付会▲)があるが、要は中国の伝統的な価値観(中学)とそれにもとづく王朝体制を侵すべからざる絶対的なものとし、その前提に矛盾しない範囲で、しかも付会し、西学を補助的に採用して、王朝を補強しようというのである。つまり中華的世界観にたいする自負と優越性が前提にある。このような観点からみれば、洋務派は西学の採用という点では保守派と対立したが、伝統的な王朝体制を堅持する点では保守派と共通していた。

▼**付会**　「こじつけ」という意味。たとえば中学は道・学問だから、道具・技術の西学の導入は中学をそこなわないとか、西学の原理は中国の古典(『墨子』など)に記されているとか、西学はもともと中国を源流とする、というような議論のこと。

⑤—天津教案と外交

対外姿勢

天津・北京両条約（一八五八・六〇年）の条約改正交渉▲（一八六八〜六九年）における不平等条項について、洋務派・曽国藩はどうとらえていたのか。恭親王奕訢は、太平天国と捻軍を「心腹の害」とし、平定することが当面の第一の課題ととらえ、列強の要求▲を第二、第三の課題として位置づけた。曽国藩もまた、内乱が収束できるならば、列強の諸要求は「小事」であり、不平等条約を忠実に、信義をもって履行することだ、とした。条約交渉にたいする姿勢について、外国との交渉では信義と果断を尊ぶべきで、受け入れられないことは断固拒否し、受け入れられることはためらわず決めることだ、と語る。こうした対応をすることで、列強との協調関係を保持し、洋務運動による自強を図る、これが一八六〇（咸豊十）年代の洋務派および清朝の外交・洋務の基本姿勢であった。したがって条約の不平等性についての認識、とりわけ国家の主権と利益について、的確な認識がもてていなかったといえよう。領事裁判権▲については祖法

▼条約改正交渉　一八五八年の中英天津条約第二七条の「一〇年後に通商・税率表の改正を求めることができる」との条項にもとづき、イギリス公使オールコックと総理衙門のあいだで改正交渉が進められ、その結果六九年締結されたのが、オールコック協定と呼ばれる。オールコックは、交渉において清側がアヘンの輸入禁止、内地布教の禁止、領事裁判権の撤廃を問題としなかったことは幸いであった、と安堵の報告をしている。

▼列強の要求　ロシアの国土蚕食の野心（「肘腋《ちゅうえき》〈脇の下〉の憂い」）と、イギリスの人道を欠く通商の要求（「肢《し》体《たい》〈身体〉の患い」）を指す。

▼領事裁判権　治外法権（外国人が滞在国の裁判権・行政権に服することを免れる権利）の一種。領事が自国民を本国の法で裁き、滞在国の司法の介入を認めないこと。

を変えない見地から、また片務的関税協定権▲と外国人税務司制度▲については「撫夷」の観点と確実な関税収入の確保の観点から、それぞれ肯定的にとらえた。そもそもアヘン戦争以来清朝は、不平等条項を華夷思想の観点から「聖恩」と認識していたし、曽国藩もまた「至仁(最高の慈愛《おめぐみ》)」ととらえていた。

こうした状況のなかで浮上した条約をめぐる内政上・外交上の大きな課題は、キリスト教の内地布教の問題であった。曽国藩の幕友薛福成は、曽国藩に送った書簡(一八六五年)のなかで、北京条約体制の得失について次のように述べている。

> 中国のメリットは一、二割、欧米と有無を通じ合うことができたこと、関税収入の安定で欧米の武器を購入し、内乱を鎮定できたことである。デメリットは八、九割、アヘンが流入しその害毒が広がったこと、欧米の宣教師が保護され国内で布教が拡大したことで反キリスト教事件が頻発していることである。利害得失のアンバランスは著しい。アヘン流入の合法化は中国の「民を養う権利」の侵害であり、キリスト教の内地布教は中国の「民を教化する権利」の侵害である。他国によってかかる権

▼片務的関税協定権　関税制度は国家が主権にもとづいて定め、運営するものであるが、片務的とは、一方(この場合は中国)だけが関税率の決定に関する自主権をもてず、改定には条約の改定を必要とすること。

▼外国人税務司制度　外国人による海関行政の管理制度。一八五四年関税収入の安定確保をめざし、イギリス・フランス・アメリカ三国の代表者各一人(税務司)からなる関税管理委員会がつくられ、上海海関を管理したことにはじまる。その成果が顕著なため、五八年この上海方式を開港場すべてに導入し、また各海関の税務司を統括する総税務司を置き、イギリス人を任用することとした。六一年総理衙門の成立とともに、その管轄下に置かれたとはいえ、事実上すべての権限を外国人総税務司が掌握した。

利を侵害された国家は、もはや国家ではない。条約によってこのような事態となったことは憂慮すべきである。

曽国藩にとっても李鴻章にとっても、キリスト教の内地布教は問題であった。曽国藩は、キリスト教の布教、とりわけ協会付設の育嬰堂《いくえいどう》（孤児院）の経営について士紳層の「民を養う権利」を奪うものだと受けとめたし、李鴻章はキリスト教の信者を「孔聖を知らざる反徒」ととらえていた。しかし内乱が激化するなかで、列強との協調を至上命令としていた清朝・洋務派は、不平等条約を全体として現行のまま堅持せざるをえなかった。したがって曽国藩はキリスト教布教の問題を「患いの小事」と位置づけたのである。

教案の頻発

北京条約でキリスト教の内地布教が認められると、外国人宣教師が続々と内地にはいり、教会を建てて布教活動をおこなった。中国人のキリスト教信者（教民）が増えていくと、中国人信者と非信者の対立が生まれ、教会や信者を攻撃する事件が多発した。こうしたキリスト教に反対する排外運動（暴動、事件）

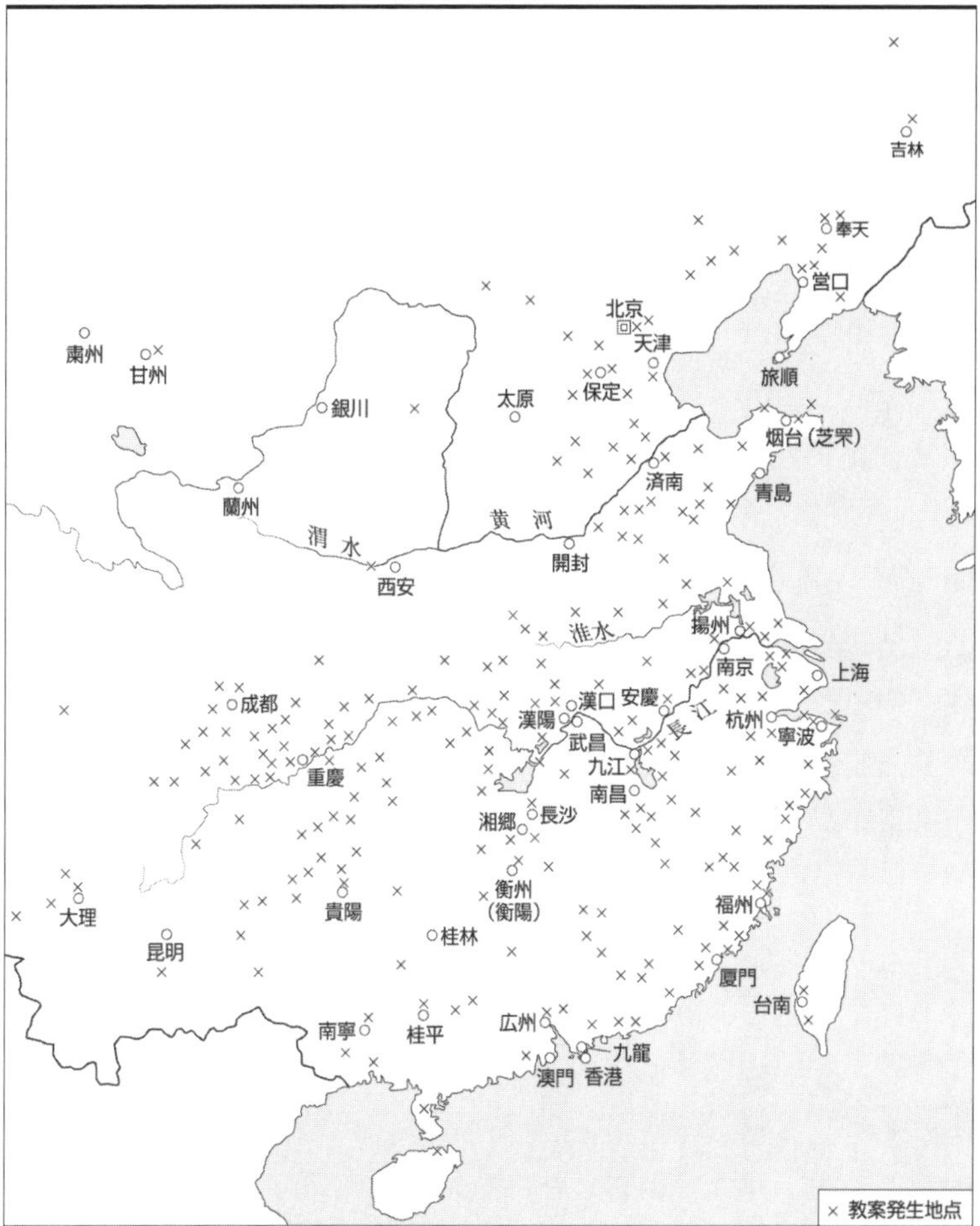

〔出典〕張海鵬編著『中国近代史稿地図集』（地図出版社，1984 年）の〈十九世紀六十～九十年代外国教会分布和反教会闘争形勢〉67 ～ 68 頁をもとに作成。

●—十九世紀後半期の教案発生地点

●—燃える教会

▼仇教案　反キリスト教事件のこと。仇とは敵としてにくむこと、案は事件のこと。

のことを中国では、教案あるいは仇教案《きゅうきょう》▲という。

教案の組織者は、郷村のリーダーである郷紳や地主層であり、地方官である。彼らは、キリスト教が儒教の教えにもとづく家族制度や地域の支配体制を破壊することを恐れ、非信者である民衆を仇教(反キリスト教)へと駆りたてた。それにはキリスト教を奉じた太平天国にたいする憎悪が、郷紳らのあいだで強まっていたことが起因している。

しかし本質的には、宣教師が布教のために中国の風俗・習慣・道徳を侮蔑したり、本国の武力と治外法権を利用して、強引に土地や家屋を囲い込んだり、安く買いあげたり、無頼の徒や犯罪人を保護して入会させたり、婦女子に暴行を加えたりして、民衆の反発を招いていた。一方教民は、中国の伝統的な祖先崇拝や孔子廟などの祭礼を拒否したり、郷村の秩序や風習や慣行を無視したり、訴訟や土地・小作料問題などで教会の介入を求めて官憲の権限に圧力を加えたりして、非信者らとのあいだで軋轢を生じさせていた。

教案のきっかけは、デマにはじまることが多い。たとえば教会の運営する育嬰堂では、捨て子や幼児をさらってその肉を食しているとか、肝や心臓を薬にしているとか、死者の眼球をくり抜いてカメラのレンズにしているとかである。デマは民衆を仇教闘争に導く絶好の手段であった。

教案は一八六一(咸豊十一)年から六二(同治元)年にかけて貴州・湖南・江西で相次いで発生し、六〇(咸豊十)年代後半には四川・湖北・直隷・河北・福建をはじめ、安慶・揚州など長江下流域の諸都市などで広範囲に頻発した。教案は特にフランスの布教地域で多く起こった。それは、フランスが中国における他国との利権競争の遅れをカソリック教会の組織力と結びつけて、露骨な干渉をした結果である。一九〇〇(光緒二十六)年までに外交問題化した教案は四〇〇件を数えたという。このような反キリスト教の闘いが全国的に高まるなかで、中国内外を震撼させる教案が発生した。それが一八七〇(同治九)年六月に勃発した天津教案である。

天津教案

アロー戦争で天津には反フランス感情が鬱積《うっせき》していた。それは、フランス軍の横暴が天津の民衆に残した深い傷跡、配慮を欠いた無神経な措置▲、フランス

▼**無神経な措置**　天津の名跡望海楼を領事館とし、隣接地に「ノートルーダム・デ・ヴィクトワール(勝利の聖母)」と名づけた大聖堂(現在の望海楼教会堂)を建てたこと。

人宣教師の布教活動がもたらした疑惑と悪評によるものである。

　天津教案の直接的原因は、天津城東門近くのフランス・カソリック教会の経営する仁義堂▲の孤児にからむ士人層や民衆の疑惑と、天津駐在のフランス領事フォンタニエ▲の軽率な対応にあった。

　この仁義堂では謝礼を出して孤児を引き取っていたため、当時幼児を誘拐する事件が続発していたこと、疫病の流行で孤児が多く死亡していたことなどで、士人や民衆らは教会への疑惑を深めていた。彼らに突きあげられて天津の知府・知県は、真偽を確かめるために六月二十一日朝、民衆が取り囲むなか教会の施設に調査にはいった。事は収まるかにみえた。しかし昼過ぎフランス領事フォンタニエは、この調査と包囲する民衆に逆上し、彼らの弾圧を求めて辦理三口通商大臣▲崇厚《すうこう》▲の衙門に乱入して発砲した。さらに外に集まった官紳や民衆にも銃口を向けた。この現場にいた民衆▲の怒りは高まり、ただちにフランス領事と同伴の秘書を殺害し、フランス領事館・大聖堂を焼き討ちしたうえに、城域にとって返して教会・仁義堂やアメリカ・イギリス系の四教会をも打ち壊した。この暴動のなかで狙い撃ちをされたフランス人修道尼や宣教師をはじめ、

天津略図

〔出典〕吉澤誠一郎『天津の近代』（名古屋大学出版会，二〇〇二年）の〈図4　同治九（一八七〇）年頃の天津〉六八頁をもとに作成。

▼仁義堂　孤児の収容（育嬰堂）や診察・施薬などの慈善事業をおこなう施設。当時ここには孤児や婦女百数十人が収容されていた。とりわけフランス・カソリック教会は積極的に孤児や捨て子・婦女の養育や援助につとめていた。

▼フォンタニエ（?～一八七〇）　フランス公使館で一八五七～六六年

翻訳に従事し、六六〜六八年書記官を務めたのち、天津の領事となる。

▼**辦理三口通商大臣**　一八六一年に総理衙門に設置された官職で、華北の牛荘(営口)・天津・芝罘《チーフー》(煙台)の三港を統括し、天津に駐在、対外交渉の窓口となった。このポストは七〇年に廃止となり、直隷総督に移管され、北洋通商大臣または北洋大臣と呼ばれた。

▼**崇厚**(一八二六〜九三)　満州鑲黄旗人。アロー戦争でイギリス・フランス連合軍の大沽占領とその後の対外交渉で活躍し、永定河道、長蘆塩運使をへて、一八六一年辦理三口通商大臣へと異例の昇進。

▼**現場にいた民衆**　この教案には一万余の民衆が参加し、その中心となったのは、有力な紳士・商人らの財政的支援や指導下にあった火会(消防隊)である。

巻き添えとなったロシア人・イタリア人ら外国人二〇数人、教民三〇人以上が犠牲となった。これが天津教案である。

この事件は、あわや中国とフランスの戦争に発展するかと思われたが、当時フランスは本国でプロイセンと戦っており、極東に兵力を割く余裕はなかった。とはいえ現職の領事をふくむ外国人が大量に殺害されたことは、国内外に大きな衝撃を与えた。

翌六月二十二日フランスをはじめイギリス・ロシア・アメリカ・イタリアなど七カ国の公使団は、共同して総理衙門にたいし、官憲が外国人の保護責任を果たさなかった結果であると抗議し、官紳と乱民の厳罰を求め、出兵も辞さないと威嚇した。あわてた清朝は、二十三日保定の直隷総督曽国藩にたいし、天津に向かい、事件を処理するよう命じた。

しかし曽国藩は、両江総督在任中の揚州教案▲のこともあって、その任務の遂行に不安を感じていた。日記には焦灼《しょうしゃく》にたえず、心中愉快ならず、と記している。体調のよくないこともあった。春以来右目が見えず貧血で足も不自由なため、療養願いを出したばかりであった。事件から一八日目の七月初め、風雲急を告げる状況のなか、老齢病軀《く》をおし、死を覚悟した二千余言からなる遺書をしたためて、やっと天津に向かった。

一方フランス・イギリス・アメリカ・イタリアは天津と芝罘に一五隻の艦船を集結させていた。調査にあたった曽国藩は、教案は民衆の不満がもたらしたもの、外国人にたいする義憤にある、と民衆への理解を示しながら、教会への疑惑を事実無根とし、フランス領事の暴挙を取りあげず、「委曲求全(角をたてないで丸くおさめる)」の一法で処理した。つまり民衆の義憤や領事の暴挙に目をつむり、軍事的圧力を背景とした列強の要求にそう形で合意を図ったのである。その結果、十月にはいり、犯人の特定が困難ななか主犯二〇人を死刑に、従犯二五人を充軍▲に処し、責任を問われた天津の知府・知県を流罪とし、フランスに賠償金・弔慰金を支払い、謝罪使として崇厚をパリに派遣することで、事件は決着した。

天津教案における曽国藩の処理は、情に流されない、合理的・理性的なものであった。たとえば教会にたいして民衆がいだいた俗説に根拠がなかったこと、教会側にも民衆の疑惑を生むいろいろな事実があったことを指摘し、列強によ

▼揚州教案　一八六八年揚州でおこったイギリス教会や外国人にたいする人士や民衆の焼き討ちと略奪・暴行事件。交渉は難航し、結局イギリスの上海領事(メドハースト)の率いる艦船四隻が南京に迫り、関係者の罷免・処罰、賠償、教会の保護などを認めさせた。

▼充軍　流刑の一種で、辺地で軍役に従事させた。

る知府・知県の死刑要求を断固拒否したことである。しかし曽国藩はたとえ清《せい》議《ぎ》▲の指弾をうけようとも、和平の維持を第一に対処したのである。これは天津民衆の排外感情を逆なでする措置であり、同時に列強側の強硬姿勢を満足させるものではなかった。

「中興第一の名臣」と称された曽国藩は、世評を失い四面楚歌に追い込まれた。北京の朝廷や保守的官紳らは、排外の徒である犯人に同情的であり、現地の天津ではひそかに彼らの公葬までおこなわれた。曽国藩への誹謗中傷は高まり、在京の湖南人士らは湖広会館にある彼を讃えた扁額や肖像画を破棄したという。また皮肉にも曽国藩が「患いの小事」と位置づけた列強によるキリスト教の内地布教は、天津教案を契機として各地の反キリスト教運動を高揚させることになった。奇しくも彼らの闘いに油を注いだのは、湘軍の解散兵らを吸収した長江流域の哥老会が担い手となったことである。

終焉——日本との外交交渉

天津教案の対応のさなか一八七〇(同治九)年八月、曽国藩は、刺殺された両

▼清議　きれいな汚れなき正論という意味であるが、儒教の教理にもとづく原理的な立場から、外国と妥協せず強硬な攘夷論を主張する意見のこと。曽国藩は息子に宛てた書簡で「私の処理はすべて和平の維持をめざしたもので、きっと清議の指弾を受けるだろう」と記している。

江総督馬新貽《ばしんい》▲の後任として、再度古巣の両江総督に任命された。直隷総督の後任には、湖広総督李鴻章が任じられた。曽国藩は病をおして十月半ばまで教案の処理にあたった。その間の九月、李鴻章が淮軍を率いて天津にやってきた。ときに李鴻章は捻軍を平定し、陝西回民の鎮定のために西安に出動中であった。李鴻章軍団の到来は、天津で内外、特に内にたいして睨みを利かせることで、天津教案の解決を円滑に進める効果があった。

　まだ教案の余韻冷めやらぬ九月末、天津に新たな外交使節があらわれた。日本の外務権大丞《がいむごんのたいじょう》柳原前光《やなぎはらさきみつ》▲らである。日本の目的は、清朝と正式に国交を開くための予備交渉にあった。当時天津教案をめぐり総理衙門・洋務派の対外姿勢にたいし、軟弱外交との非難が高まっていたおりでもある。「臣服・朝貢の国」「倭国」日本との条約交渉は、外患をさらに増やすようなもの、拒否すべきであるという議論が、在京の保守排外の人士の間で巻きおこっていた。しかし曽国藩らは、柳原一行との会談を通して、欧米との通商を認めて、隣邦日本を拒むのは不合理であること、近代化を推進している日本は侮りがたい存在であることなどをあげて、日本との条約は必要であると主張▲した。さらにその前

▼馬新貽（一八二一〜七〇）　山東省菏沢《かたく》の人。一八四七年の進士。太平天国・捻軍の反乱によりもっぱら軍事に携わり軍功で昇進。六三年には安徽按察使・布政使、翌年浙江巡撫、六八年閩浙総督、両江総督兼通商大臣となる。七〇年閲兵途中に刺殺される。

▼柳原前光（一八五〇〜九四）　公卿。外交官。一八六八年戊辰戦争の時東海道鎮撫副総統として江戸にはいる。新政府で外交官として活躍する。七四年駐清公使、八〇年駐露公使。以後元老院議官・議長、枢密院顧問などを歴任。

▼主張　曽国藩のこの主張の背景にある日本認識と条約容認論は、次のようなものである。日本は我が国

提条件として公使・領事を双方に駐在させること、領事裁判権を相互に認めること、最恵国待遇条項▲を認めないことなどを提案した。やがてこの対日指針が総理衙門・洋務派の外交方針となり、本交渉の業務は李鴻章に委ねられた。その結果翌年一八七一(同治十)年九月に、対等平等な関係からなる日清修好条規▲が締結された。

　天津を離れた曽国藩は、新たな任地南京におもむくにあたり、一八七〇(同治九)年十一月初め、北京で西太后に謁見した。西太后から江南の緊迫した事態に対応する軍務について下問された。それにたいし曽国藩は、陸海軍の訓練の強化、新蒸気艦船の操練、要害地における砲台建設など、国防の強化が重要であると答えた。そして下問に応えるかのように、南京に着任すると、病身にもかかわらず各地の軍営や軍事工場を精力的に視察し、七一(同治十)年末には江南製造総局を訪れ、新造の艦船に「操江」「測海」「威靖」と命名して試乗した。

　曽国藩は、王朝末期の激動の時代にあって廉直な官僚としてひたすら職務に精励し、なおかつ天を畏れ自戒と反省を怠ることなく、「心力労苦」の人生を

を隣邦と称し、対等の地位にあると認めており、朝鮮・越南・琉球のような臣属の国とは異なること、日本は富国強兵を推進しており、条約を結べば、地理的に近く、華商と日本の相互往来が多くなり、西洋のように外商の来華だけとは異なる状況になること、華商が多く日本に行けば、日本における華商の監督・訴訟への対応が必要となることなどをあげて、日本にたいしては他国とは異なる配慮が大切である、と。

▼最恵国待遇条項　二国間の通商条約で、一方の国が将来第三国に特権を与えた場合、条約締結の相手国にも自動的に同様の特権を与えることを定めたもの。

▼日清修好条規　日本が中国と結んだ最初の近代的な条約で、その後日清戦争までの両国関係を規定する法的枠組みとなる。条約は本文一八カ条、通商章程三三カ条、海関税則からなる。

走り続けた。病魔とたえず苦闘してきた心身はもはや限界に達していた。

一八七二(同治十一)年三月十二日午後、曽国藩は、新装なった両江総督衙門の中庭で、次男曽紀沢を従えて散策中に倒れ、そのまま帰らぬ人となった。享年六二歳であった。

曽国藩の人間像

曽国藩が理想とした生活像は、子々孫々郷里にあって農耕に勤しみ、贅沢にならない程度の自給自足の生活を営み、健康長寿を保ち、祖先を敬い、家族の和を重んじ、郷土を愛し、学問を尚び読書▲に親しむ暮らしである。筆まめ▲であった彼は、ことあるごとに書簡を通して家族・一族にたいし、自らが理想とする生活の実現に向けて次のような戒めの言葉を送っている。

我が家風は半耕半読、この祖先伝来の伝統を守り、慎ましく、いささかも官僚的気風に染まってはならない。轎《かご》や馬に乗って安楽をむさぼってはならない。他人に水を汲ませたり、茶を入れさせたりしてはいけない。薪取りや収糞なども自分でおこない、田植えや種まきも常に学ぶように

▼読書　曽国藩は生涯にわたり日々読書につとめた。戦場にあっても、激務のなかであっても、病床にあっても読書を欠かすことはなかった。彼の愛読書の一端をあげれば、四書五経のほかに『史記』『漢書』『明史』『荘子』『資治通鑑』『文選』『古文辞類纂』『文献通考』や韓愈の古文などであった。

▼筆まめ　書状をしたためることをはじめ、毎日日記や備忘録を書くこと、作詩・作文・習字をすることなどである。また政務にかかる文書は必ず自ら筆をとり、たとえ素案を任せたとしても、必ず目を通す労を惜しまなかった。

し、根本をつとめるべきである。けっして欲望に流されてはいけない。郷間で早起きの家、蔬菜を栽培する家は、多くは興隆するが、朝寝の家、菜園のない家は、衰微する。省城の菜園から高賃金を払ってでもいいから人を雇い、郷里で野菜をつくりなさい。

古来世家の長久なるものを眺めてみると、男子は耕〔農耕〕・読〔読書〕の二事を心掛け、婦女は紡績〔糸を紡ぐこと〕・酒食〔日常の食事や客人の接待〕の二事を心掛けている。婦女は料理に精通していなくても、必ず厨房にはいり、酒や塩辛や惣菜の類を作ること、男子は蔬菜づくりと養魚・養豚に精を出すこと、これは一家の隆盛・衰退の兆しを占うものであり、けっして疎かにしてはならない。

曽国藩自らも、軍営のなかでも衙門の官舎のなかでも菜園をつくり、蔬菜類を栽培していた。ここに描かれる世界は、男耕女織の牧歌的な農村で、慎ましやかに生活する小地主的な寒士の家庭の風景であった。

しかし曽国藩が官僚として出世街道を驀進《ばくしん》するなかで、兄弟たちが奢侈となり、「傲驕《ごうきょう》」▲「逸惰《いつだ》」▲となり、曽家の遺風を支えてきた勤と倹が崩れはじめて

▼「**傲驕**」　驕り高ぶり、他人を見下し、嘲笑すること。曽国藩の言葉によれば、「田舎の人を見れば、その樸陋《ぼくろう》(やぼったさ)を笑い、雇人を見れば頤《あご》で使い鼻であしらう」こと、「言葉・文章で他人の俗っぽさをいとい、他人の下品さを嫌い、他人の欠点をあれこれいい、他人のかくしていることをあばきたてる」ことなどである。

▼「**逸惰**」　富と権勢をえて、勤・倹に反する行為として安逸を貪り、怠惰となること。

▼「**求闕**」　闕《か》けたところ、足りないところを追究すること。

いった。曽国藩は、生活の安定のためにその基盤として一定の土地をもち居宅を有することは大切だと考えたが、自らは「陞官発財で蓄財し子孫に残すことを恥とし、俸給以外の銀銭はもたない、蓄えて子女・衣食に使わない」と心に決めていた。兄弟や子弟には「官気に染まるな。勤・倹・清（清廉）に心掛けて慎ましく処《お》れ。」「銀銭余財を蓄えるな。田を買うな。大きな家を建てるな。」「銀銭・田産は驕気・惰気を生む。おかねや田地がなくても読書に励めば、飯は食える。」などと戒めていた。それは、地位や身分があがり、家が極度に富むことを恐れたからである。

　曽国藩は、中国人の伝統的な観念である天や天命にたいする畏敬の念を強くいだき、ことあるごとに「盈つれば虧くる」の天理を語っている。今や曽家は盈つるときである。満ち足りることは没落・衰退・破滅の凶機をそのうちにはらむ。その凶機を避け吉を持続させるためには、満ち足りた境遇を畏怖し、「求闕《きゅうけつ》」▲つまり常に自らの欠（闕）けているところ（欠点）を発見し、悔い改める努力を続けること、これこそが天の道にかなうことである、と。曽国藩はかかる思いをこめて、自らの書斎を求闕斎と名づけた。

曽国藩の自戒と反省は続く。名位はなはだ高き状況のなかに自分があるのは、祖先の積徳のおかげであると感謝し、その積累の福を自ら一人で享受し尽くすことを恐れ、「惜福▲」の心を説いた。祖宗の積徳のうえに、「惜福」の心と勤・倹によって子孫に福を残し、かつ子孫のために積徳善行する義務を尽くせば、家門は幾久しく継続するであろう、と。

　曽国藩にとって一番の関心事は「斉家《せいか》▲」であった。家族を取り巻く人間関係の和を重んじた。子としての孝、弟としての悌、父としての慈にもとづく「孝友」は家の瑞祥・長久であると考え、その要として祖先の祭祀を重視した。また親族や隣人や郷党には「恭敬」をもって歓待し、急難あれば救済し、訴訟あれば解決し、慶事あれば慶祝し、病あればこれを問い、喪あれば弔うという、和合・慈愛の精神で応接した。その意味で、曽国藩の湘軍創設は、この愛する郷土を匪賊や異教徒から守るためであり、またそれは家族・同族・隣人・郷党にたいする慈愛のきずなのなかから生まれたものである。

　曽国藩は母の体質を受け継ぎ、幼少より虚弱で腺病質であった。農事の経験はないが、よく学びよく働く一方で、瑣細なことでも思い悩む苦労性で、過労

▼「**惜福**」　福を惜しむ、つまり幸福をありがたく思い、福をむだにしないよう勤・倹につとめること。

▼「**斉家**」　儒教のコンセプトを端的に表現した、『大学』の「修身・斉家・治国・平天下」のフレーズの一句。家をととのえ、おさめ、教化してしっくり調和させること。

も重なって、生涯にわたり耳鳴り、疥癬《かいせん》、呼吸器疾患、目眩や視力の低下、手足のしびれ、不眠症などの病に苦しめられ続けた。したがって彼の日常はややもすれば内に向かい自虐的・内省的となり、禁欲と節制を意識し、ひと一倍健康と養生▲に心を配った。それは家族にたいしても同様で、書簡をみると、健康や養生の処方箋や、対人関係、家族・家庭のあり方、おかねの使い方などにたいする戒めを事細かく書き送っている。

曽国藩は、自らの能力にたいする自信と屈強な意志と信念をもっており、ものごとを合理的、理性的に判断でき、情に溺れることが比較的少なかった。そして官僚として最善の義務を忠実に果たすことに努めた清廉潔白の士である。碁が大好きで、座談に巧みで、よくしゃべり、よく冗談もいったという。家族・兄弟への愛ときずなを大切にし、やさしさのなかにも厳しさをもって家族・一族を包み込んでいた。一方では他人の口や気持ち、うわさや評価を極度に気にし、人前で気兼ねすることも多かった。それは、官界における地位と名誉が高くなり、富が増えることで、天と人の怒りをかい、身の破滅、家や一族の衰退・没落につながることをたえず恐れた結果でもある。そのために彼は謙

▼**健康と養生**　節欲・節労・節飲食を旨とした。たとえば規則正しい食事と睡眠、怒らないこと、夜寝る前に足を洗うこと、食後に三千歩歩くこと、常時静坐をすること、いつも弓をひくこと、水煙草をやめることなどをあげている。

譲を旨とする行動を心掛けた。

　彼は、ことさら清朝専制支配および儒教的倫理体制の維持をめざして、太平天国や捻軍と立ち向かったわけではない。彼は、家族・一族とともに、儒教的倫理を身をもって実践し、その家風を価値あるものとして維持することにもっぱら務めたのである。したがって曽国藩が太平天国や捻軍と戦ったのは、自身のこの心情に即して、なおかつ官僚の義務としてその責務▲を果たしたにすぎない。

　すべての人間は生きている環境のなかで育成される。環境のもつその時代の特質からなかなか逃れることはできない。しかしそこに風穴を開ける試みに参加することで、その時代を抜け出るリーダーになれる。その風穴が湘軍による太平天国の鎮定であり、西洋化をめざした洋務運動であった。その行動を通して生まれた矛盾が時代を動かしていく。曽国藩が伝統社会を変革し時代を前進させたかどうかは留保するが、ただ愛国者か売国奴か、革命か反革命か、革新か保守反動かというような二者択一の評価はなじまないであろう。伝統的儒教的価値観を堅持しつつも、中国的な近代化・西洋化への轍《わだち》をつくったことだけ

▼責務　曽国藩が官僚としての責務を遺憾なく発揮できた背景には、彼の周りに集結した、多くの有能な人材があげられる。彼は人格的に優れた人であり、けっしてカリスマ性とか親分気質を有する人ではない。道徳と才能を備えた人材を集め、その人材を国事に活かした人であった。その意味で曽国藩には、人物を見抜き(発掘し)、登用(階層・履歴にこだわることなく自由公正に抜擢)し、育成(活用)する、卓越した能力があった。それゆえに配下の官僚や幕僚らは、静かに熱く彼を慕い、彼のために一肌脱ぐことを惜しまなかった、という。清末に活躍した官僚の多くは彼の抜擢によるものである。機略に優れた李鴻章が、曽国藩の弟子として、生涯彼を手本にしたといわれるゆえんでもある。

は確かである。

曽国藩が太平天国との戦いのさなかにしたためた(一八六〇年)次の文章は、歴史書を愛読してえた帰結であろうが、自らが生きた時代(王朝末期)の自らのリーダー像を彷彿とさせる名言▲である。

盛世・創業・垂統の英雄は襟懐豁達《きんかいかったつ》▲をもって第一義とし、末世・扶危・救難の英雄は心力労苦をもって第一義とする。

つまり王朝創業期の英雄は自由豪快に生きればよいが、王朝末期の危機を救う英雄は細心の注意を払わねばならない、という意味である。

曽国藩は襟懐豁達の人ではなかった。沈思黙考・謹厳実直・道徳臭の強い反省マニア、刻苦勉励型の人である。あらためて彼のパーソナリティと人生行路を彼が生きた内憂外患や儒教的社会秩序崩壊の危機の時代と重ね合わせてみると、まさに彼は「心力労苦の英雄」であったといえよう。

▼名言　曽国藩はひたすら天命に従い、勤勉・倹約・清廉を生涯貫いた大官僚であった。彼は日記や家族に宛てた家書や家訓あるいは書簡のなかに、己をたえず律する実践徳目(戒め)を数多く、かつ繰り返し書き記している。そのなかにあって彼が、座右の銘としたのが「四耐四《したいし》不訣《ふけつ》」である。それは、事を成すにあたり、耐えるべきこと四カ条、してはいけないこと四カ条を述べたもので、具体的には冷遇に耐え、労苦に耐え、煩わしさに耐え、閑《ひま》に耐え、激せず、躁《さわ》がず、競わず、他人の意見に流されずに、事にあたれという教えである。まさに曽国藩が歩んできた己の生き方にたいする自戒の結語でもある。その名言は、今日の日本でも指導者の人生訓として好んで語られるほど、人口に膾炙《かいしゃ》されている。

▼襟懐豁達　度量が大きく物事にこだわらないこと。

曽国藩とその時代

西暦	年号	年齢	おもな事項
1811	嘉慶 16	1	*11*- 湖南省湘郷県に生まれる
1833	道光 13	23	府試に合格，生員となる
1834	14	24	*1*- 欧陽凝祉の娘と結婚。*10*- 郷試に合格，挙人となる
1838	18	28	*5*- 会試，殿試に合格，進士となる。*6*- 朝考で翰林院庶吉士となる
1840	20	30	*5*- 散官考試で翰林院検討となる。*6*- アヘン戦争はじまる
1841	21	31	太常寺卿唐鑑に宋学を，詹事府詹事倭仁に修養を学ぶ
1842	22	32	*8*- 南京条約の締結
1843	23	33	*1*- 翰林院侍講に昇進。*7*- 四川郷試正考官となる
1845	25	35	*1*- 翰林院侍読に昇進。*4*- 会試同考官。*10*- 翰林院侍講学士となる。*10*- 李鴻章，曽国藩に師事する
1847	27	37	*7*- 内閣学士兼礼部侍郎待遇となる
1849	29	39	*2*- 礼部右侍郎兼兵部右侍郎代理となる。*11*- 祖父玉屛逝去で服喪
1851	咸豊元	41	*1*- 洪秀全，太平天国の挙兵
1852	2	42	*2*-「民間の疾苦を備さに陳べる」の上奏。*7*- 江西郷試正考官となる。*9*- 母江氏の服喪で帰郷。*10*- 太平軍，長沙を包囲
1853	3	43	*1*- 湖南で団練の組織を命じられ，湘軍の編成に着手。太平軍，武昌の占拠。*2*- 審案局を設置。*3*- 太平軍，南京を占拠し都とする
1854	4	44	*2*-「粤匪を討つ」の檄文を発し，湘軍，衡州を出発。*10*- 武昌の奪回。*11*- 湖北巡撫代理となるも，兵部侍郎待遇に変更
1855	5	45	*3*- 九江を落とせず南昌に退却。*7*- 捻軍，雉河集で会盟、蜂起。*10*- 貴州苗族の反乱（～ 72 年平定）
1856	6	46	*9*- 雲南の回民，大理占拠（～ 73 年平定）。*10*- アロー戦争はじまる
1857	7	47	*3*- 父麟書の服喪。江南の軍務を命じられる。*8*- 兵部侍郎待遇の任を解き服喪を認める
1858	8	48	*6*- 天津条約の締結。*2*- 九江奪回。*11*- 太平軍に三河鎮で大敗北
1859	9	49	*1*- 李鴻章，曽国藩の幕下にはいる
1860	10	50	左宗棠、曽国藩の幕下にはいる。*6*- 両江総督代理となる。*8*- 両江総督となり江南の軍務を統括する。*9*- 英仏連合軍，北京の占領。*10*- 北京条約の締結
1861	11	51	*1*- 総理衙門の成立。*9*- 安慶の奪回。*11*- 同治帝即位，西太后の垂簾聴政。上海からの安慶乞師。浙江の軍務を命じられる。*12*- 安慶内軍械所の設置
1862	同治元	52	*2*- 李鴻章，淮軍の結成。*9*- 陝西回民の反乱（～ 73 年左宗棠平定）
1864	3	54	*7*- 湘軍，太平天国の天京（南京）を落とす
1865	4	55	*5*- 捻軍討伐を命じられる。*9*- 李鴻章と江南製造総局の設置
1866	5	56	*6*- 左宗棠，福州船政局の創設
1868	7	58	*6*- 江南製造総局に繙訳館を併設。*8*- 李鴻章，捻軍の平定。*9*- 直隷総督となる
1870	9	60	*6*- 天津教案おこり，処理を命じられる。*8*- 両江総督となる。李鴻章、直隷総督。*9*- 柳原前光使節団の天津訪問
1871	10	61	*9*- 日清修好条規の締結
1872	11	62	*3*- 南京の両江総督府で逝去

参考文献（比較的入手しやすい日本語文献を中心として取りあげた）

綾部恒雄他「特集　中国の秘密結社——闇の社会の構図」月刊『しにか』1995年9月号，大修館書店
石橋秀雄他「特集　故宮——紫禁城のすべて」月刊『しにか』2000年4月号，大修館書店
稲葉誠一「曾国藩　上」『東方学紀要』別冊1　天理大学おやさと研究所，1962年
市古宙三『近代中国の政治と社会』東京大学出版会，1971年
大谷孝太郎『儒将曾国藩——中国指導者の精神構造』東京布井出版，1977年
大谷敏夫『中国近代政治思想史概説』汲古書院，1993年
岡本隆司『近代中国史』ちくま新書，2013年
岡本隆司『李鴻章——東アジアの近代』岩波新書，2011年
菊池秀明『ラストエンペラーと近代中国——清末中華民国』（中国の歴史10）講談社，2005年
小島晋治『洪秀全と太平天国』岩波現代文庫，2001年
小林一美『清朝末期の戦乱』（中国史叢書）新人物往来社，1992年
近藤秀樹『曽国藩』（中国人物叢書）人物往来社，1966年
坂元ひろ子『中国近代の思想文化史』岩波新書，2016年
櫻井信義『曾國藩』古賀書店，1943年
佐藤公彦『中国近現代史はどう書かれるべきか』汲古書院，2016年
佐藤慎一『近代中国の知識人と文明』東京大学出版会，1996年
清水稔「捻軍の叛乱について」『名古屋大学文学部研究論集』71，1977年
清水稔「パーソナリティ研究序説——曾国藩の事例を通して」『佛教大学文学部論集』87，2003年
蔣廷黻（佐藤公彦訳）『中国近代史』東京外国語大学出版会，2012年
鈴木智夫『洋務運動の研究——一九世紀後半の中国における工業化と外交の革新についての考察』汲古書院，1992年
並木頼寿「中国の近代史と歴史意識——洋務運動・曽国藩の評価をめぐって」『岩波講座現代中国　第4巻』，1989年
並木頼寿・井上裕正『中華帝国の危機』（世界の歴史19）中公文庫，2008年
坂野正高『近代中国政治外交史——ヴァスコ・ダ・ガマから五四運動まで』東京大学出版会，1973年
坂出祥伸『中国近代の思想と科学』同朋舎出版，1983年
叢小榕『太平天国を討った文臣　曾国藩』総合法令出版，2000年
竹内好・野村浩一編『講座中国1　革命と伝統』筑摩書房，1967年
田中仁他『新図説中国近現代史——日中新時代の見取り図』法律文化社，2012年
陳舜臣「皇帝になれなかった男・曽国藩」『中国近代史ノート』朝日新聞社，1973年
寺田隆信『紫禁城史話——中国皇帝政治の檜舞台』中公新書，1999年
中嶋嶺雄編『中国現代史——壮大なる歴史のドラマ』有斐閣，1981年
野口鐵郎編『結社が描く中国近現代』（結社の世界史2）山川出版社，2005年
野村鮎子「曽国藩の末娘の婚姻と家庭——曽紀芬『崇徳老人自訂年譜』を読む」『女性史学』7，1997年
波多野善大『中国近代軍閥の研究』河出書房新社，1973年
波多野善大「曾国藩のパーソナリティー」『近代中国の人物群像』汲古書院，1999年
波多野善大編『東アジアの開国』（中国文明の歴史10）中公文庫，2000年
范文瀾（横松宗・小袋正也訳）『中国近代史』中国書店，1999年

平野聡『大清帝国と中華の混迷』(興亡の世界史 17) 講談社，2007 年
姫田光義他『中国近現代史　上巻』東京大学出版会　1982 年
深澤秀男『西太后――清末動乱期の政治家群像』(世界史リブレット人 76) 山川出版社，2014 年
復旦大学歴史系他編（野原四郎・小島晋治監訳）『中国近代史 2　洋務運動と日清戦争』三省堂，1981 年
堀川哲男『中国近代の政治と社会』法律文化社，1981 年
松丸道雄他編『世界歴史大系　中国史 5　清末―現代』山川出版社，2002 年
宮崎市定『科挙――中国の試験地獄』中公文庫，1984 年
村上衛「『士』の家計簿――曾国藩の諸作より」京大人文研漢籍セミナー 8『中国巨人とその著作』研文出版，2019 年
矢野仁一『アロー戦争と圓明園――支那外交史とイギリスその 2』中公文庫，1990 年
山田賢『中国の秘密結社』講談社選書メチエ，1998 年
吉川幸次郎編『講座中国Ⅱ　旧体制の中国』筑摩書房，1967 年
吉澤誠一郎『清朝と近代世界――19 世紀』岩波新書，2010 年
リンドレー（増井経夫・今村与志雄訳）『太平天国――李秀成の幕下にありて』1-4 平凡社，1964-65 年

図版出典一覧

上海図書館編『李鴻章和他同時代的人』上海錦綉文章出版社，2011 年
カバー裏，扉，19, 25 下，41 上左・中右・下右，69 中・下，87, 88, 90, 94, 96 右，97 中左，98
中国革命博物館編『挿図本　近代中国報道 1839-1919』首都師範大学出版社，2000 年
6 上・中，7 上，11 左，17, 25 上，33, 40, 41 上右・中左，48 右，49 下，55, 63, 69 上，75, 85 左，86, 92, 96 左，97 中右・下
中国歴史博物館編『中国近代史参考図録』（上冊）上海教育出版社，1981 年
44, 45, 48 左，49 上・中，74, 82, 85 右
中国歴史博物館編『中国近代史参考図録』（中冊）上海教育出版社，1983 年
88, 91, 97 上，105
中国歴史博物館編『中国近代史参考図録』（下冊）上海教育出版社，1984 年　*7 中*
田玄・皮明勇主編『中国近代軍系叢書　湘軍』山西人民出版社，1999 年
11 右・中，59

ユニフォトプレス提供　*カバー表，7 下，22, 41 下左*
PPS 通信社提供　*6 下*

清水　稔(しみず　みのる)
1945年生まれ
名古屋大学大学院文学研究科博士課程満期退学
専攻，中国近代史，近代日中文化交流史
佛教大学名誉教授

主要論著書

『湖南五四運動小史』(京都大学人文科学研究所共同研究報告
「五四運動の研究」第5函16，同朋舎出版 1992)
「近代日中関係史の一断面——21か条要求をめぐって」
『佛教大学総合研究所紀要』創刊号(1994)
「辛亥革命の実像と虚像」『歴史を学ぶ歴史に学ぶ』
(佛教大学歴史学部 2011)
「譚嗣同小論」『佛教大学歴史学部論集』第4号(2014)
「中国の特権階級——士大夫と近代的知識人」『鷹陵史学』
第43号(鷹陵史学会 2017)

世界史リブレット人71
曽国藩《そうこくはん》
天《てん》を畏《おそ》れ勤《きん》・倹《けん》・清《せい》を全《まっと》うした官僚《かんりょう》

2021年2月20日　1版1刷印刷
2021年2月25日　1版1刷発行

著者：清水《しみず》　稔《みのる》

発行者：野澤武史

装幀者：菊地信義＋水戸部功

発行所：株式会社 山川出版社

〒101-0047　東京都千代田区内神田1-13-13
電話　03-3293-8131(営業) 8134(編集)
https://www.yamakawa.co.jp/
振替 00120-9-43993

印刷所：株式会社 プロスト

製本所：株式会社 ブロケード

 ISBN978-4-634-35071-7